UNIVERSITÉ DE PARIS

FACULTÉ DE DROIT

Le Scrutin de liste et la Représentation Proportionnelle

DANS LA

Loi du 12 Juillet 1919

THÈSE

pour le Doctorat ès sciences politiques et économiques

soutenue le 12 Juin 1923

PAR

Jean BLAVET

DOCTEUR EN DROIT

LICENCIÉ ÈS LETTRES

AVOCAT À LA COUR D'APPEL DE PARIS

Jury { M. CHAVEGRIN, *Président.*
M. ROLLAND, *Professeur.*
M. MESTRE, *Agrégé.*

ALÈS

Imprimerie PRADON, F. CLAPARÈDE, Successeur, 6, Rue Taisson

1923

La Faculté n'entend donner aucune approbation ni improbation aux opinions émises dans les thèses ; ces opinions doivent être considérées comme propres à leurs auteurs.

CHERS PARENTS

HOMMAGE

d'un jeune avocat, sous-lieutenant de réserve

à Worms (Rhénanie)

le 30 Mai 1923

INTRODUCTION

La réforme du scrutin est une des grosses questions qui ont préoccupé, avant la guerre de 1914, l'opinion publique française et le Parlement.

La guerre survenue, des problèmes nouveaux, plus impérieux se sont posés. L'invasion, la défense nationale, les difficultés économiques ont rayé pour quelque temps, du tableau législatif, le problème électoral.

Avec la paix, le Parlement s'est remis à l'étude et ses travaux ont abouti à la Loi du 12 Juillet 1919, préface d'une réforme plus vaste qui est elle-même, conditionnée par la réforme administrative.

Cette recrudescence de l'activité législative n'est point, comme le fait remarquer M. André Bosc « un fait isolé, spécial à la France ».

Car, dans toute l'Europe, en Allemagne, en Suisse, en Italie, et même sur les autres continents, les assemblées représentatives ont envisagé avec un nouvel esprit et sous un autre angle, les systèmes électoraux qu'elles ont prétendu reprendre et transformer à leur base même.

C'est que le citoyen moderne s'intéresse de plus en plus aux affaires publiques, il est plus instruit, il cherche à se rapprocher de son mandataire, quelquefois pour lui dicter une ligne de conduite.

Le suffrage tend à devenir vraiment universel, puisqu'en certains pays, la femme a été placée sur le même pied que l'homme.

En France, si la Constitution paraît solidement établie et reconnue par une grande majorité, il n'en reste pas moins que certaines institutions politiques sont discutées.

D'où l'importance du recrutement des assemblées.

La Loi du 12 Juillet 1919 a renversé un système vieux de 30 ans. Elle a remplacé le scrutin uninominal par le scrutin de liste et elle a fait, pour la première fois, un essai d'application de la Représentation Proportionnelle.

C'est à l'étude de cette loi que nous nous proposons de consacrer nos efforts.

Nous envisagerons successivement : *les différents systèmes de représentation proportionnelle*, puis *les précédents historiques de la Loi*.

Nous essaierons ensuite de montrer *ce qu'est la Loi, en elle-même, au point de vue théorique*. Nous montrerons *ses lacunes et ses imperfections*. Et nous terminerons en examinant *les résultats qu'elle a donnés* avec un *aperçu très sommaire sur les élections du 16 Novembre 1919*,

CHAPITRE PREMIER

Le Scrutin de liste et la Représentation Proportionnelle

Etude théorique

Le meilleur mode de scrutin — Scrutin uninominal (ou d'arrondissement) et scrutin de liste départemental — La R. P. correctif au scrutin de liste majoritaire — Les différents systèmes de Représentation Proportionnelle — Un ennemi irréconciliable de la R. P. — La R. P. à l'étranger : principalement en Suisse et en Italie.

« Le meilleur mode de scrutin serait celui qui, d'une part, assurerait à un même nombre d'habitants ou d'électeurs inscrits, un même nombre de députés — et d'autre part amènerait à la Chambre des Députés une majorité homogène, c'est-à-dire dont les membres seraient réunis par une communauté de doctrine et de dénomination politique ».

Cette affirmation d'un ancien député [1] renferme les deux idées maîtresses qui doivent guider, en France, un législateur intelligent, compétent et avisé.

Nous sommes en effet en république : c'est-à-dire dans un régime démocratique, qui vise à assurer, avec l'égalité de tous les citoyens, le maximum de liberté possible à chacun — et où domine une grande Loi : la Loi de la Majorité — et le gouvernement est représentatif : le Parlement, expression de la volonté nationale, vote les lois et choisit le Président de la

---

(1) Revue Pol. et Parl. — Tome 99, 10 Mai 1919, p. 116, Article de M. Malzac.

République et pratiquement, sinon théoriquement, le Président du Conseil.

Pour faire œuvre de justice, il faut donc qu'en bas, chaque député soit l'élu d'une majorité, mais qu'en même temps les minorités populaires aient leurs représentants à la Chambre, qu'en haut, au sein de l'assemblée représentative de la Nation, une majorité puisse se constituer, afin d'imposer sa volonté, qui sera la Loi, et permette ainsi le libre fonctionnement du gouvernement et des services publics.

Si des électeurs n'ont point de représentant à la Chambre, la justice sera compromise. S'il n'y a pas de majorité au sein de l'Assemblée, aucun gouvernement ne sera possible.

En France, pour la nomination des députés, deux scrutins ont joué successivement : *le scrutin uninominal et le scrutin de liste* Dans ce dessein on adopte, comme collèges électoraux, les circonscriptions administratives existantes : l'arrondissement et le département.

A l'arrondissement correspond le scrutin uninominal où l'électeur vote pour un seul candidat. D'où l'expression souvent prononcée de scrutin d'arrondissement ; cette dénomination manque du reste d'exactitude, car maints arrondissements sont scindés en circonscriptions et nomment plus d'un député.

On dira 1re circonscription de l'arrondissement de X..... ; 2me circonscription..... etc... Au 1er tour, le candidat est élu à la majorité absolue ; au second, à la majorité relative.

Au département correspond le scrutin de liste : l'électeur vote pour plusieurs candidats ; pour autant de candidats qu'il y a de députés à élire dans son département : c'est ce qu'on appelle la liste. Ici aussi, au 1er tour, la liste qui obtient la majorité absolue passera tout entière, au second tour, la majorité relative suffit.

On a signalé bien souvent et depuis bien longtemps les avantages et les inconvénients respectifs de ces deux scrutins. Enumérons-en brièvement les principaux à notre tour :

Avec le scrutin uninominal, l'électeur vote pour un homme qu'il connait, qu'il estime apte à comprendre le problème législatif. Ce scrutin est d'un maniement facile pour tous. Peut-être rétrécit-il l'horizon électoral, du moins, assure-t-il une adéquate représentation des intérêts.

Mais on lui adresse d'innombrables reproches ; il facilite la corruption électorale : le collège électoral étant réduit à quelques milliers d'électeurs, le candidat riche s'attire facilement de nombreuses amitiés. Ce scrutin de clocher, comme on l'a appelé, réduit parfois les élections à des querelles locales, disputes de famille pour ainsi dire. Il met en relief les individualités, fait oublier les principes. D'autre part, il ne permettrait pas, dit-on, la représentation des minorités, favoriserait le développement de certains partis, tandis que d'autres qui sont disséminés sur tous les points du territoire et constituent une force réelle ne pourraient être représentés à cause de leur éparpillement. Avec lui «le personnalisme règne en souverain maître : chacun tend à se considérer comme le dépositaire de la véritable doctrine et à regarder son arrondissement comme une synthèse de la Nation ». [1]

Les partisans du scrutin de liste font de ces divers inconvénients du scrutin uninominal autant d'avantages pour le scrutin qu'ils préconisent : il assure, disent ils, la liberté des votes et rend plus difficile la corruption électorale ; la pression ne peut se faire sentir aussi lourdement. Il favorise les transactions, permet l'établissement d'une liste commune où divers partis pourront être représentés, il sert donc à assurer la représentation des minorités.

(1) V. Malzac. Revue Pol. et Parl. déjà cité.

Et surtout, il donnerait aux élections, toujours d'après ses partisans, une signification politique véritable, en élevant les programmes électoraux au-dessus de la préoccupation des intérêts locaux et en dégageant les grands courants d'opinion.

Sans prendre parti, nous pouvons avancer que beaucoup de ces qualités apparentes sont des défauts réels : car les transactions du scrutin uninominal se répètent avec le scrutin de liste : la composition des listes, bien souvent, loin de servir de trait d'union entre les différents partis aboutit à des marchandages, à des concessions odieuses et à des pactes entre des partis diamétralement opposés par leur origine et leurs doctrines, si bien que la lutte est tout aussi mesquine.

Ce scrutin, il est vrai, donne moins de prise à la corruption et à la vénalité : néanmoins un candidat influent et populaire pourra manier à sa volonté les suffrages des électeurs de l'arrondissement où il habite ou dont il est originaire et qui suffisent peut-être à lui assurer la majorité dans le département.

Le scrutin de liste permet-il la représentation des minorités ?

Non, en ce qui concerne le scrutin de liste majoritaire. En effet, à ce point de vue, il est d'une brutalité certaine. Il suffit d'une voix de majorité pour qu'une liste l'emporte sur une autre; or, les élections seront loin de refléter l'opinion du pays, si le fait se reproduit dans plusieurs circonscriptions, car les députés ne représenteront qu'un peu plus de la majorité des votants.

Il est vrai qu'on a objecté qu'aucun rapport numérique n'existe, avec le scrutin uninominal, entre la population et la représentation des divers arrondissements, et l'on a cité comme exemple typique le département des Basses-Alpes qui, comprenant 5 arrondissements, a droit à 5 députés pour un collège de 33.677 électeurs ; tandis que le département de la Sarthe comprenant également 5 arrondissements, n'a droit qu'à 5 députés pour un chiffre très supérieur : 120 690. [1]

A cela nous répondrons qu'il faut rejeter la responsabilité de cette différence sur le législateur qui donnait, sous le régime de la Loi de 1889, un député au moins à chaque arrondissement, abstraction faite du nombre de ses habitants ; pour rétablir l'égalité, de même qu'on sectionne les arrondissements en circonscriptions, il faudrait à l'inverse grouper les arrondissements à population restreinte pour ne leur attribuer qu'un seul représentant.

Du reste la question qui nous intéresse n'est pas celle du rapport entre la population et la représentation, mais du rapport entre cette même représentation et les différents partis.

Et à ce sujet, nous dirons que *le scrutin uninominal aboutit pratiquement à une représentation véritable des minorités*, car, si telle opinion domine dans un arrondissement et remporte un siège, telle autre prend sa revanche dans un autre arrondissement ; cela se remarque principalement dans les grandes villes. De sorte qu'au total un équilibre s'établit.

Mais, par contre, ce fait ne peut pas se produire avec le scrutin de liste majoritaire ; le département est une circonscription trop vaste, et certaines opinions ou certains partis n'y constituent que de petits noyaux disséminés dans toute la France. Et cependant leur somme constitue certainement une force.

Aussi nous aboutissons à cette conclusion :

Avec le scrutin uninominal ou d'arrondissement, une représentation des minorités s'établit dans la pratique, automatiquement.

---

(1) V. Soc. de statistique de Paris. Communication sur la législation d'Avril 1914.

Avec le scrutin de liste majoritaire, la représentation des minorités ne peut pas se produire, il faut l'organiser.

La Représentation proportionnelle apparait à un législateur soucieux de réaliser la justice électorale comme le correctif naturel du scrutin de liste majoritaire.

De sorte que, si l'on a en vue d'assurer la représentation des minorités, ou il faudra se contenter du scrutin uninominal d'arrondissement ; ou adopter le scrutin de liste, mais avec Représentation proportionnelle.

***

La Représentation Proportionnelle ne se conçoit qu'avec le scrutin de liste : il faut une circonscription nommant plusieurs députés ; s'il n'y a qu'un député pour la circonscription, il sera forcément élu à la majorité.

Strictement entendue, la Représentation Proportionnelle, c'est cette conception de droit public qui veut répartir les sièges d'une circonscription électorale entre les différents partis ayant pris part à l'élection, proportionnellement au nombre des électeurs qui se sont déclarés pour chacun de ces partis.

Elle est essentiellement basée sur un rapport entre la représentation des partis à la Chambre et leur importance numérique respective dans les départements.

Autrement dit, la R. P. veut que la minorité soit representée selon sa force, tandis que dans le système majoritaire, la minorité est censée représentée par la majorité.

Si A est le nombre des députés à élire dans un département, B celui des électeurs, C le parti, D le député de ce parti à élire,

On a le rapport $\frac{C}{B} = \frac{D}{A}$; c'est-à-dire que le parti est par rapport au nombre d'électeurs, comme le député à élire est par rapport au nombre total des députés.

Si nous supposons encore qu'il y a 6 millions d'électeurs et 600 sièges à fournir, un parti qui a 2 millions de voix, aura droit à $\frac{2 \times 600}{6} = 200$ sièges.

La R. P. implique la suppression du second tour; en effet, la répartition proportionnelle se fait dès la première consultation; on évite ainsi les compromissions toujours regrettables et les ententes entre comités, plus ou moins avouables; c'est là un avantage incontestable.

Elle aboutit dans la même mesure proportionnelle à réduire le nombre des groupes parlementaires qui pullulent avec le scrutin d'arrondissement où chaque député arrive bien souvent avec une étiquette politique personnelle. Dans les départements, les partis séparés par des nuances souvent très légères, s'uniront, grouperont leurs forces, attireront sur leur liste le maximum de voix, puisque la R. P. attribuera d'autant plus de sièges à leur liste, que cette liste présentera un total de voix plus grand.

Le même phénomène se produisant partout à la fois, de grands partis surgiront, moins nombreux, plus solides, mieux constitués, et une majorité homogène pourra se dégager.

Nous disons « pourra se dégager » car c'est l'un des inconvénients de la R. P. avec le régime parlementaire que si, la Représentation proportionnelle est parfaite, la Chambre risque de ne plus avoir de majorité.

En effet, supposons que 3 partis seulement occupent, en France, le terrain politique, ces 3 partis sont d'égale importance : la

Chambre comprendra 3 groupes politiques égaux : le gouvernement parlementaire devient impossible.

Mais celà, c'est de la théorie ; car en pratique, un ministère gouverne avec l'appui de plusieurs partis. Or ce n'est nullement abdiquer ses opinions que de soutenir un ministère.

Dans notre hypothèse, 2 partis soutiendront le ministère. Et si ces partis sont défavorables au ministère au pouvoir, ils le renverseront pour le remplacer par un autre de leur convenance.

Le danger, en ce qui concerne la constitution d'une majorité, vient plutôt de l'émiettement des partis et de la multiplicité des groupes. Car, en l'absence de partis, les majorités se désagrègent rapidement, les députés écoutant trop facilement les conseils de leur groupe ou de leur cercle ou simplement leur propre fantaisie. [1]

A cet égard, la faiblesse numérique des groupes parlementaires à la Chambre de 1914 est significative : aucun ne réunissait la majorité absolue de 302. Avec une telle organisation des partis, les scrutins sur les ordres du jour et sur les Lois ne peuvent présenter ni fixité, ni homogénéité.

Ajoutons enfin que le système de la R. P. met dans la balance électorale plus de justice ; l'électeur s'approchera d'autant plus volontiers des urnes, qu'il se sentira certain d'être représenté au Parlement. Les minorités ont comme les majorités le droit

(1) V. « Eclair de Montpellier » du 5 Avril 1923, article de M. Jules Véran. Il paraitrait que dans la Chambre élue en 1919, les groupes ont des présidents mais n'ont plus de chefs. En revanche il y a des « chefs de boites » : ce sont les députés assidus aux séances qui votent pour dix, quinze, vingt, cinquante de leurs collègues, dont ils gardent les boites. Les députés, gardiens de ces boites représentent une puissance et peuvent faire pencher la balance au moment d'un scrutin.

Par cet exemple, on peut sentir la fragilité d'une majorité parlementaire.

de libre discussion et de contrôle ; la R. P. leur donne le moyen de l'exercer.

On a dit, il est vrai, que la R. P. ne jouait pas pour les électeurs qui ne prennent point part au vote. Tant pis pour eux, pourrions-nous répondre. Mais si l'on instituait le vote obligatoire, l'objection n'aurait plus aucune portée, car le vote obligatoire a été adopté par plusieurs pays et il y fonctionne à la satisfaction de tous.

Mais la R. P. a subi de nombreux assauts : on lui reproche d'être compliquée, enchevêtrée à plaisir de calculs, d'additions et de divisions, par suite difficilement comprise de prime abord par l'électeur peu instruit. On a dit aussi que la R. P. introduit la guerre fratricide au sein des partis ; car, sur une même liste les premiers seuls sont élus : ceux qui décrochent le plus de suffrages. Mais ceci n'est que justice, au fond, et le principe même de toute élection le veut. Elle exige, ajoute-t-on, des collèges électoraux très vastes pour bien fonctionner ; et sur ce point, il faut convenir qu'un collège unique pour toute la France serait l'idéal. Enfin, il y a trop de systèmes, a-t-on dit.

On ne peut songer en effet à établir une représentation proportionnelle absolue qui serait la suivante :

On voterait pour un principe, autrement dit pour une liste, puis on calculerait sur l'ensemble de la circonscription la part proportionnelle.

Ainsi : Gauche $= \frac{3}{7}$

Droite $= \frac{2}{7}$

Centre $= \frac{2}{7}$

La gauche aurait les $\frac{3}{7}$ des sièges, la droite les $\frac{2}{7}$, le centre les $\frac{2}{7}$. Puis dans chaque parti on inviterait les groupes à désigner les personnes qui devraient occuper ces sièges.

Celà, ce serait l'idéal. Mais la liberté de l'électeur, son désir d'indépendance ne sauraient s'en accommoder.

Il y a donc différents systèmes. Avant de les juger, il convient de les examiner.

1° *Vote cumulatif.* — Chaque électeur dispose d'autant de votes qu'il y a de députés à élire ; et il peut porter sur son bulletin, ou des noms différents, ou plusieurs fois le même. Ainsi, s'il y a 6 députés à élire, il pourra répéter six fois le même nom.

Ce système a été appliqué au Chili (1906), en Espagne (1907), au Portugal (1884), en Bulgarie (1898). Il exalte le droit de l'électeur. Mais il suppose une discipline rigoureuse ; car la majorité ou la minorité doivent cumuler leurs suffrages sur quelques noms ; dans l'exemple précédent la majorité sur 4 noms par exemple, la minorité sur 2.

L'inconvénient est que dans un pays où les partis savent s'organiser, les diverses minorités n'ont finalement qu'une représentation insignifiante.

2° *Vote imparfait ou limité.* — Chaque électeur ne peut voter que pour un nombre de candidats inférieur à celui des députés à élire. Ainsi s'il y a 3 sièges à pourvoir, chaque bulletin ne pourra porter que 2 noms : la majorité obtiendra 2 sièges, la minorité 1.

Ce système a été introduit en République Argentine par la Loi du 7 Avril 1912 et l'on a vu des élections donner des représentants à 4 partis sur 5 ; le cinquième ainsi que les candidats isolés sont restés sur le carreau.

Il a été également appliqué en Espagne, en 1878, pour 26 collèges ; en Angleterre, en 1867, pour 13 collèges ; en Italie, en 1882, pour 35 collèges ; au Brésil, en 1875 ; dans certains états des Etats-Unis d'Amérique. Il fonctionne encore au Portugal pour le Sénat.[1]

Contrairement au premier système, il restreint le droit de l'électeur, ne lui permet pas, somme toute, d'exprimer son opinion sur la minorité ; l'électeur fait l'opération mécanique de voter pour les candidats de son parti. Et ce qui est plus grave, ce système fixe fatalement la part de la minorité, que celle-ci soit importante ou non.

3° *Vote gradué.* — Chaque électeur vote pour autant de candidats qu'il y a de députés à élire. Mais la valeur de chacun de ses votes est proportionnée au rang qu'il occupe sur la liste : Le premier compte pour 1, le 2me pour $\frac{1}{2}$, le 3me pour $\frac{1}{3}$, le 4me pour $\frac{1}{4}$, et ainsi de suite. Nous n'insisterons pas.

Ces 3 premiers systèmes ne sont en somme que des palliatifs. Voyons maintenant les systèmes de Représentation proportionnelle proprement dite :

4° *Système du Quotient.* — C'est le plus ancien. Le quotient s'obtient en divisant le nombre des votants par le nombre des sièges à pourvoir. Soit 200.000 votants et 10 députés, le quotient sera $\frac{200.000}{10} = 20.000$.

Chaque électeur ne vote que pour un seul nom : mais, pour éviter les pertes de voix données à des candidats qui ont déjà obtenu le quotient, il peut inscrire les autres candidats sur son bulletin, dans l'ordre de ses préférences.

(1) V. Moreau, Droit Constitutionnel 1921.

Si le candidat qu'il a inscrit en tête a déjà 20.000, on reporte le suffrage sur celui présenté en deuxième lieu.

Dès que le quotient électoral est atteint par l'un des candidats dont le nom est apparu le plus de fois en tête des listes, ce candidat est proclamé élu. Alors on ne s'occupe plus de lui, on passe à un autre candidat. Pour ce nouveau candidat, on compte, soit les bulletins où il est porté en première ligne, soit ceux où il vient en deuxième ligne, mais qui n'ont pas été dépouillés.

Dès que ce candidat a obtenu le quotient, on passe à un troisième et ainsi de suite ; pour ce 3me candidat on compte soit les bulletins où il vient en première ligne, soit ceux non encore dépouillés où il vient après les deux candidats déjà proclamés élus.

Dans ce système, connu sous le nom de *Système de Hare*,[1] ou d'Andrae, et préconisé par Stuart Mill, l'électeur ne sait pas au profit de quel candidat son nom sera compté ; son vote est en quelque sorte éventuel. D'où la nécessité pour lui d'indiquer ses préférences. C'est une combinaison de scrutin uninominal et du scrutin de liste, puisque l'électeur quoique inscrivant plusieurs noms, ne vote que pour un seul candidat.

Ce système suppose en outre que tous les bulletins sont centralisés à un seul bureau pour être soumis à un dépouillement non fractionné ; le travail des commissions de recensement est en conséquence considérablement augmenté et retardé. Mais il présente un inconvénient beaucoup plus grave, il peut fausser les résultats du scrutin, car le résultat final, ponr tel ou tel candidat peut être tout différent, suivant que le dépouillement a commencé et s'est poursuivi par tels bulletins ou par tels antres. Donc, injuste et peu pratique.

---

(1) V. Hare. The élection of représentatives parlamentary and municipal.

Diverses variantes en ont néanmoins été adoptées dans certains cantons de la Suisse, en Bulgarie (1912), en Suède, par la République de Costa-Rica pour le choix des députés.

5° *Système du quotient rectifié* : Il n'est qu'un succédané du précédent. Il consiste à diviser le nombre des votants, pour l'obtention du quotient électoral, non plus par le nombre des sièges à pourvoir, mais par ce nombre plus un. En ajoutant une unité au diviseur commun, on diminue le quotient et on évite les restes ; car s'il s'agit d'un quotient simple, peu de candidats ou de listes l'obtiennent exactement.

Soit 80.000 votants et 4 députés. Le quotient électoral sera non pas $\frac{80.000}{4} = 20.000$, mais $\frac{80.000}{5} = 16.000$. Il est plus facile à un des candidats d'obtenir 16.000 voix que 20.000.

6° *Système d'Hondt ou du diviseur commun* : Il a été imaginé par un professeur de l'Université de Gand et adopté par la Loi belge de 1899. Au lieu de calculer le quotient électoral, on calcule le diviseur commun. Pour cela, on doit diviser successivement par 1, 2, 3, 4, 5, etc., le nombre de voix réunies par chaque liste ; on range les quotients ainsi obtenus dans l'ordre de leur importance, de façon qu'on obtienne autant de quotients qu'il y a de députés à élire. Le dernier quotient sert de diviseur commun. Ce diviseur commun sert lui-même à attribuer les sièges ; en effet chaque liste aura autant de sièges, que le diviseur commun sera contenu dans le total des voix obtenues par elle. Voici un exemple : [1]

Soit 47.000 votants, 5 députés à élire et 4 listes : A. B. C. D.

---

(1) V. Thèse de Chardon. Paris 1910.

A	obtient :	24.000
B	»	11.000
C	»	9.000
D	»	3.000

Divisions par 1. Nous obtenons :	24.000	11.000	9.000	3.000
» 2. »	12.000	5.500	4.500	1.500
» 3. »	8.000	3.666	3.000	1.000

Les 5 plus forts quotients sont : 24.000 12.000 11.000 9.000 8.000

C'est ce dernier chiffre 8.000 qui sert de diviseur commun.

Il est contenu dans A : $\frac{24.000}{8.000}$ = 3 fois. Donc 3 députés.

dans B : $\frac{11.000}{8.000}$ = 1 fois. Donc 1 député.

dans C : $\frac{9.000}{8.000}$ = 1 fois. Donc 1 député.

dans D : $\frac{3.000}{8.000}$ = 0 fois. Pas de député.

La liste D seule n'aura point de siège.

Ce système est d'un mécanisme assez simple et assez facile à saisir. Mais le calcul du chiffre répartiteur peut donner lieu à des déceptions !

7° *Système de la concurrence des listes avec double vote simultané :* Ce système a l'avantage de permettre à l'électeur de marquer à la fois ses préférences personnelles et ses préférences de parti. Comme l'a dit M. Esmein [1] il serait plus exact de l'appeler système de la concurrence des partis, car c'est le parti qui figure au premier plan, les candidats devenant en quelque sorte des per-

(1) V. Dt. Constitutionnel 1921.

sonnages secondaires. L'électeur vote simultanément pour une liste et pour certains candidats de la liste.

Il y a plusieurs listes en présence. On détermine le quotient en divisant, comme d'habitude, le nombre des votants par le nombre des députés à élire. L'électeur rédige une liste, il vote à la fois pour une liste à qui sa voix sera comptée lors de la distribution des sièges entre les listes; il vote en même temps pour certains candidats pour qui son suffrage comptera au moment de la répartition des sièges entre les candidats de chaque liste.

Dans ce système, par conséquent, 2 répartitions, 2 attributions. On additionne les voix obtenues par une liste et cette liste a droit à autant de sièges que, par exemple, sa moyenne contiendra de fois le quotient. Les sièges sont répartis en proportion des suffrages obtenus par chaque liste.

Soit 80.000 votants, 2 listes A et B, 8 sièges à pourvoir.

La liste A obtient une moyenne de 50.000 voix.

La liste B » » 30.000 voix.

Le quotient électoral étant de $\frac{80.000}{8} = 10.000$,

La liste A aura droit à $\frac{50.000}{10.000} = 5$ sièges.

La liste B aura droit à $\frac{30.000}{10.000} = 3$ sièges.

Puis à l'intérieur de chaque liste seront élus ceux qui auront obtenu le plus de suffrages; on ne tient aucun compte de l'ordre d'inscription.

Il saute aux yeux qu'un semblable système suppose des partis disciplinés, puisque, plus une liste obtiendra de voix, plus elle contiendra le quotient électoral, et plus elle bénéficiera d'un grand nombre de sièges. Le panachage ne doit pas être toléré ; peut-être même, faut-il rendre le vote obligatoire ; certaines législations l'ont compris ; mais d'autres font une mauvaise application du système en admettant la faculté de panacher, or le panachage compromet certainement le résultat final.

Ce système est incontestablement plus juste, plus logique que les précédents. Peut-être ce mécanisme demande-t-il une certaine habitude ; en tous cas, il fonctionne dans plusieurs pays : en Belgique, en Suède, en Finlande, en Suisse, dans le Wurtemberg. C'est le système adopté par la Loi italienne de 1919 et par la Loi française du 12 Juillet 1919.

L'expérience a montré que les complications étaient surtout apparentes ; les commissions de recensement arrivent en peu de temps à l'appliquer sans peine ; les électeurs se familiarisent peu à peu avec lui.

La grosse difficulté concerne la confection des listes ; dans la plupart des cas, l'individualité de l'électeur s'efface devant la grande personnalité du parti ; les listes sont dressées par les comités électoraux et par les chefs de parti. D'où des marchandages et des compromissions.

Ce système néanmoins, à cause de son ingéniosité et de sa justesse, prévaut dans la majorité des états qui ont adopté la Représentation Proportionnelle.

.˙.

La R. P. s'est créée un ennemi irréconciliable dans la personne de M. Esmein. Nous voulons signaler, sans les discuter, les principales raisons qui expliquent son animosité.

Certes, les critiques qu'il lui adresse ne sont pas seulement celles d'un doctrinaire ; elles ressemblent à un avertissement.

« La Représentation Proportionnelle, dit-il,[1] procède d'un scepticisme profond aux yeux duquel toutes les opinions sont égales..... C'est par lassitude ou par indifférence que l'on finira par tomber quelquefois d'accord. Logiquement, la Représentation Proportionnelle est à l'entrée d'une voie au bout de laquelle se trouve l'anarchie ».

« Cette idée, continue M. Esmein, est habituellement présentée comme un postulat de la justice et de la raison. Pour beaucoup, la R. P. est devenue un dogme politique. De bons ingénieurs se sont mis à l'ouvrage pour lui donner une formule exacte et pratique. Ce n'étaient pas seulement des juristes ou des philosophes, mais des mathématiciens, ce qui suffirait à mettre en défiance contre le système ».

Mais il a des raisons plus sérieuses. Pour lui, la R. P. n'est qu'une illusion et un faux principe ; car le gouvernement représentatif est nécessairement un gouvernement majoritaire : il n'y a pas injustice, si la majorité n'obtient que son droit.

Nous pourrions objecter qu'une assemblée qui ne comprendrait que des représentants de la majorité serait fort mal composée, puisqu'on ne pourrait y instituer de débats où la discussion se fasse librement entre les partis, ce qui est un principe du régime représentatif.

Mais nous ferons surtout remarquer à M. Esmein que la R. P. prétend justement dégager cette majorité : majorité véritable, image de celle du pays, et non majorité fictive constituée parfois à la faveur d'un hasard ou d'une campagne bien menée.

Les Proportionnalistes insistent sur l'idée qu'une assemblée

(1) V. Esmein. Ouvrage précité.

représentative doit être en plus petit l'image exacte du corps électoral qu'elle représente. Ce serait vrai, pense M. Esmein, pour des assemblées électives consultatives, mais c'est faux pour des assemblées législatives, car elles n'existent pas seulement pour la discussion, mais elles exercent des attributs de la souveraineté, puisqu'elles statuent. Pour statuer, le principe majoritaire est nécessaire. Cette idée n'est qu'un corollaire de la précédente.

Son argumentation au sujet du rôle ministériel des assemblées est plus dangereux ; celles-ci, en effet (toujours d'après M. Esmein), non seulement votent les lois mais encore nomment, soutiennent ou renversent le cabinet. Or, majorité stable et cabinet homogène sont de plus en plus rares. Le Parlementarisme, dans beaucoup de pays, se débat au milieu de nombreuses difficultés en raison de l'organisation imparfaite des partis politiques. Dès lors, comment un cabinet pourra-t-il se maintenir, s'il n'a derrière lui que des minorités rivales ?

Les difficultés ministérielles de l'époque actuelle, particulièrement la constitution délicate des ministères, en Italie,[1] et en Grèce[2] en 1922 viennent certes à l'appui de la thèse de M. Esmein. Mais, avec tous les Proportionnalistes, on doit reconnaitre que bien souvent la faute ne doit pas retomber sur la R. P. ; les responsables, ce sont le pays lui-même, l'opinion ellemême qui s'est fragmentée, après la guerre de 1914-1918 ; des groupes nouveaux ont jailli en face des groupes d'avant-guerre. Des rivalités nouvelles se sont heurtées. La défense collective a fait place à un individualisme outrancier. Et si la majorité a peine à se dégager au Parlement, c'est qu'elle a peine à se dégager également dans la Nation.

Car, tout le monde doit le reconnaitre, *la R. P. bien comprise répond a un principe de justice* Par contre, mal organisée, mal

(1) En Italie : ministère Facta.

(2) En Grèce : ministère Gounaris.

entendue elle risque de se montrer souverainement inique. La Loi du 12 Juillet 1919, par certaines de ses dispositions, en est un exemple.

Donc, loin de croire que la R. P. menace le principe même d'autorité, de souveraineté politique, nous croyons à sa vertu, à condition toutefois que les systèmes qui en font application, le fassent avec intelligence et sincérité.

Du reste, tant de législations ont adopté la R. P., qu'on éprouve le besoin de reconnaître que cette Représentation Proportionnelle répond à une nécessité.

La Suède, en 1909, a introduit dans son système électoral, une représentation proportionnelle inspirée du système d'Hondt.

La République allemande l'a adoptée dans l'art. 22. de la Constitution du 11 Août 1919.

La R. P. fonctionne en Bulgarie.

L'Angleterre a fait l'essai du vote cumulatif, de 1870 à 1902, pour les schoolboards. Mais la Chambre des Communes a réprouvé par 223 voix contre 113, le 1er Février 1918, un projet de R. P. voté à la Chambre des Lords le 22 Janvier.

Mais c'est surtout en Suisse et en Italie que l'introduction de la R. P. présente une importance politique considérable.

En Suisse,[1] après une longue campagne, après de nombreuses pétitions, dont les premières remontent à 1871, et après de multiples applications pour les élections cantonales, la R. P. a été adoptée par une votation populaire le 13 Octobre 1918, pour

(1) V. Article de M. Maurice Deslandres dans la Revue Pol. et Parl. année 1919, Tome 99.

V. aussi article de M. P. Bise, vice-chancelier d'Etat du canton de Fribourg, dans la Revue du Droit Public, année 1919, tome 36.

l'élection du Conseil national. Triomphe éclatant, résultat inespéré : 299 550 acceptants, 149.035 rejetants. Suivant l'expression de M. Maurice Deslandres il y a là un fait politique considérable ; car la Suisse, « pays des plus libres institutions est comme un laboratoire où s'essayent les institutions politiques de l'avenir, et l'adhésion d'un peuple aussi éclairé est pour la R. P. un gage de triomphe général et définitif ».

Mais, pour obtenir ce résultat, il a fallu des années, des efforts multiples, une persévérance étonnante ; car depuis 1848, c'était le parti radical qui détenait le pouvoir à titre presque incontestable ; aussi, aux référendums populaires, le Conseil national n'opposa pendant longtemps que des préavis défavorables. Gouvernement et assemblée, bénéficiaires du régime majoritaire s'y sont cramponnés comme à une bouée de sauvetage. Ils ont été vaincus. « Le triomphe de la R. P. comme le remarque un Suisse, M. P. Bise, marque un mouvement énergique de réaction du peuple suisse contre le régime des pleins pouvoirs constitutionnels attribués au Conseil Fédéral depuis le début de la guerre, pleins pouvoirs dont cette autorité abusa trop souvent, au mépris des droits imprescriptibles du peuple et du Parlement».

Le nouvel article 72 de la Constitutiou fédérale suisse consacre un des plus éclatants succès remportés par la R. P.

Autre grande victoire que la loi italienne d'Août 1919, qui adopte la R, P. pour les élections à la Chambre des Députés. Cette Loi est comme la sœur de la Loi française du 12 Juillet. Aussi, il est bon d'en indiquer les grandes lignes[1] : Chaque collège électoral élit en principe, au moins 10 députés. Chaque liste doit être présentée par au moins 300 électeurs. Dans chaque liste le nombre des candidats ne doit pas dépasser le nombre

(1) V. Esmein - Ouvrage précité.

de députés à élire et nul candidat ne peut être inscrit sur plus d'une liste ou dans plus de 2 collèges.

L'électeur possède 2 prérogatives qu'il ne peut exercer simultanément : un droit de préférence et un droit d'adjonction ; préférence et adjonction s'expriment en inscrivant à l'encre sur le bulletin de vote les noms des candidats ; l'électeur a la faculté, soit d'ajouter des noms à la liste sur laquelle s'est fixé son choix, soit d'exprimer ses préférences pour tel ou tel candidat.

Le nombre des préférences et des adjonctions ne peut être supérieur à 1, s'il y a 5 députés à élire ; à 2 s'il y a 6 ou 10 députés ; à 3 s'il y a 11 à 15 députés ; à 4 s'il y a plus de 15 députés à élire. 2 chiffres jouent un rôle dans le dépouillement du scrutin : 1° le chiffre électoral de chaque liste, obtenu en additionnant les votes de la liste avec les votes d'adjonction, la somme obtenue étant divisée par le nombre de députés à élire. 2° le chiffre individuel de chaque candidat obtenu en faisant la somme des votes de la liste à laquelle appartient le candidat et des votes de préférence, augmentée des votes d'adjonction obtenus par ce candidat sur d'autres listes que la sienne.

Le chiffre électoral sert à déterminer le nombre de sièges qui revient à chaque liste ; pour cela on le divise par les chiffres 1, 2, 3 jusqu'à concurrence du nombre de députés à élire et les quotients ainsi obtenus servent à attribuer à chaque liste le nombre de sièges auxquels elle a droit.

Le chiffre individuel sert à déterminer le rang des candidats sur leur propre liste.

Cette Loi est celle qui a été mise en vigueur pour les élections de Novembre 1910.

Nous devons insister vivement sur elle, car elle va nous servir à dégager une conclusion à la fin de ce chapitre.

Nous l'avons appelée la sœur de la Loi française du 12 Juillet ; c'est qu'elle a été, pour ainsi dire, taillée dans le même patron ; l'attribution des sièges aux listes, puis la répartition entre les candidats ressemblent fort à la double répartition de la Loi française : on n'a pas, il est vrai, dans la Loi italienne, la majorité absolue et la plus forte moyenne, mais on a en revanche les restrictions apportées aux candidatures isolées et les votes d'adjonction et de préférence.

Il y a similitude de traits. Or les élections ont donné en France et en Italie des résultats absolument différents.

En France triomphe du parti de l'ordre sur toute la ligne, abaissement des partis de gauche ou d'extrême gauche : l'union s'est faite surtout sur un programme commun « contre la menace révolutionnaire importée de Russie par le moyen d'allemands dévoués ».[1]

En Italie, les élections législatives ont marqué la victoire des socialistes qui détiennent près du 1/3 des sièges ; les catholiques forment une forte minorité avec 102 sièges ; le centre avec 251 députés des partis moyens renferme à la fois des amis et des ennemis du ministère.

Du reste, depuis les élections, les ministères se sont débattus au milieu de difficultés sans nombre ; et finalement le pouvoir est passé aux mains d'une minorité active et très disciplinée, le parti fasciste.

En 1919, la victoire que les partis de gauche ont remportée en Italie est due à l'abstention des électeurs. L'union ne s'est pas faite ou incomplètement contre le bolchevisme ; les partisans de l'ordre sont allés à la bataille politique, en rangs

---

(1) V. dans la Revue Pol. et Parl. du 10 Décembre 1919, un article fort intéressant de M. Ernest Lémonon.

dispersés. Les socialistes, au contraire, ont mené une campagne violente et marché d'un seul bloc : ils ont agi par la peur.

Les élections ont montré que la guerre n'avait rien changé aux pratiques électorales d'avant-guerre ; les candidats et les comités ont beaucoup plus songé aux intérêts locaux ou à leurs ambitions personnelles qu'aux intérêts de la nation. Aussi les honnêtes gens, dans la grande majorité, n'ont voulu voter ni contre les bolchevisants, ni pour les *combinazioni* d'avant-guerre, ils se sont abstenus.

Les résultats au point de vue de l'organisation du gouvernement sont désastreux. Une majorité parlementaire ne se constitue que fort difficilement avec des minorités nombreuses et peu désireuses de se rapprocher. Aussi depuis les élections, les ministères italiens instables, variés, ont été des jouets aux mains des partis.[1]

Ces conséquences fâcheuses, doit-on les imputer à la Loi ? C'est peu probable. Car la Loi a été mal connue, le scrutin a été faussé par des électeurs ignorants qui bien souvent ne savent ni lire, ni écrire.

Mais nous pensons plutôt que si, le système de la R. P. a mal fonctionné en Itatie, c'est que toute loi varie avec la physionomie et avec les habitudes de chaque peuple. Enfin, si les partis issus des élections de novembre sont très divisés, c'est que l'opinion publique, en Italie, est elle-même fort divisée.

Nous devions signaler l'exemple de la Loi italienne : elle montre que les mêmes causes peuvent produire des effets tout différents.

---

(1) Tout ce qui précède se rapporte aux évènements antérieurs à la constitution du ministère Mussolini.

CHAPITRE II

Histoire de la Loi

PARAGRAPHE PREMIER : La réforme électorale avant 1914.

Le mode de scrutin jusqu'en 1914. — Les lois électorales sous la IIIme République. — Les débats parlementaires sur la R. P. — La résistance du Sénat. — La proposition de loi Charles Benoist.

PARAGRAPHE SECOND : La genèse de la loi de 1917 jusq'en 1919.

Les travaux préparatoires. — Les rapports Dessoye. — La discussion au Parlement. — Les amendements Bracke et Bouffandeau. — La proposition au Sénat. — Le texte de la commission du Sénat, — L'amendement Strauss. — La déclaration des sénateurs républicains. — La proposition, retour au Sénat.

PARAGRAPHE I

La Réforme électorale avant 1914

Sous la IIIme République, 4 lois ont tour à tour instauré le scrutin d'arrondissement ou le scrutin de liste départemental : celles du 30 Novembre 1875, du 16 Juin 1885, du 13 Février 1889, celle enfin du 12 Juillet 1919. Cette dernière a tenté, pour la première fois un essai d'application de R. P.

En 1870-71, on avait remis en vigueur, pour les élections à l'Assemblée nationale, la Loi du 15 Mars 1849, établissant le scrutin de liste par département.

Ce scrutin était celui préconisé par Gambetta, parce qu'il peut donner, à son avis, une image vraie de l'opinion de la France. Néanmoins, il ne fut adopté qu'après la mort du grand républicain et pour disparaitre bientôt dans la tourmente du Boulangisme.

La question de la réforme électorale a commencé à se poser fort nettement dès 1905.

En 1905, un rapport de M. Charles Benoist, accompagné d'une proposition de Loi, institue le scrutin de liste avec R. P.

Les partisans de la R. P. forment désormais à la Chambre un groupe parlementaire et une campagne active en faveur de cette réforme commence dans tout le pays.

En 1907, nouveau rapport, de M. Etienne Flandin, et nouvelle proposition.

Le 21 Octobre 1909, est lu à la Chambre le troisième grand rapport sur la question : celui de M. Varenne. Le nouveau Président du Conseil, M. Aristide Briand, reconnait « qu'il convient de faire passer au plus vite un large courant purificateur à travers toutes les petites mares stagnantes », mais il formule des réserves sur la pratique de la R. P.

En 1910, le pays consulté donne 4 millions de voix aux candidats qui ont inscrit dans leur programme le principe proportionnaliste.

Aussi, le 10 Mars 1911, sous le ministère Monis, M. Arthur Groussier dépose un nouveau rapport, au nom de la commission du suffrage universel, qui institue une véritable représentation proportionnelle.

Le vote du 10 Juillet 1912, sous le ministère Poincaré (339 voix contre 217) en dépit d'une légère prime donnée dans le projet voté à la majorité absolue, consacre en somme le triomphe des idées proportionnalistes.

Mais l'opposition irréductible de la Chambre Haute à la volonté si nettement exprimée de la Chambre populaire fit échouer le projet.

En Novembre 1912, le Sénat élit une commission hostile au principe proportionnaliste et en 1913, il vote l'amendement Peytral qui porte que les députés seront élus suivant la règle majoritaire, au scrutin de liste.

La Chambre manifeste à nouveau son désir de réforme en se prononçant en Novembre 1913 pour le scrutin de liste par 400 voix contre 66 et par 350 voix contre 145 pour la représentation des minorités.

Le Sénat demeure sur ses positions et maintient sa volonté du scrutin de liste majoritaire. Au fond, les sénateurs restent partisans du scrutin d'arrondissement ; et s'ils adoptent le scrutin de liste pur et simple, c'est parce qu'il souffle dans le pays un vent de réforme, et qu'il « faut bien faire quelque chose ».

La Chambre élue en 1914 comptait 350 adversaires du scrutin uninominal. Devant une volonté si fermement exprimée par les électeurs, le Sénat eut peut-être cédé. Le 2 Juillet 1914, M. Charles Benoist dépose une nouvelle proposition de Loi ; [1] la guerre en empêcha la discussion.

En voici, pour mémoire, les dispositions principales :

Article 16 : « *La commission (de recensement) constate d'une*

---

1) V. J. O. Déb. parl. 1914 p. 1922.

part le nombre des suffrages de chaque liste ne portant aucune marque de préférence et d'autre part le nombre des suffrages de préférence accordé à chaque candidat dans la circonscription.

Elle détermine la masse électorale de chaque liste en ajoutant au nombre des suffrages de chaque liste ne portant aucune marque de préférence la somme des suffrages de préférence accordés aux différents candidats de chaque liste ».

L'article 16 indique ensuite qu'on calcule le quotient électoral d'après un système qui n'est autre que le système d'Hondt ou du diviseur commun.

Article 17 *« Sur le nombre de suffrages de chaque liste ne portant aucune marque de préférence et jusqu'à ce que ce nombre soit épuisé, la commission attribue successivement au candidat inscrit le 1er sur cette liste, puis au 2e et ainsi de suite le complément de voix nécessaire pour qu'en les ajoutant aux suffrages de préférence obtenus par ces candidats, chacun d'eux atteigne à son tour un total de suffrages égal au diviseur électoral ».*

Sont ensuite proclamés élus jusqu'à concurrence des sièges attribués à chaque liste, les candidats de cette liste qui présentent le plus grand nombre de suffrages.

Cette proposition, comme le remarque M. André Bosc,[1] a perdu en grande partie le caractère constructif des projets antérieurs. Elle ne vise pas à assurer la victoire d'un esprit nouveau, l'esprit proportionnaliste, elle est déjà imprégnée de l'esprit de conciliation et de transaction. On pouvait par conséquent bien augurer de son sort. Mais la guerre éclata. La réforme électorale retomba dans l'ombre.

---

(1) V. Bosc. Rev. Dt. Public 1920.

PARAGRAPHE II

La genèse de la Loi

Ce sont les rapports [1] du député Dessoye qui forment comme le squelette de la Loi. Ils ont fait couler beaucoup d'encre. « La *France de Bordeaux* » compare le projet de M. Dessoye à la dame voilée et elle engage les députés à ne pas lever le voile parce qu'on se demanderait qu'elle est la partie du costume le plus séduisant qui l'emporte, ou de la robe majoritaire ou de la toque proportionnaliste.[2]

Cette boutade d'un journaliste synthétise toute la genèse de la Loi du 12 Juillet et met en relief les caractéristiques de ce projet.

Le projet Dessoye, en effet, est à double face. Il a été pour ainsi dire façonné, creusé par deux courants d'idées tout à fait opposés : le courant majoritaire, le courant proportionnaliste.

Lorsque la question du renouvellement de la Chambre élue eu 1914 commença à se poser devant la Commission du suffrage universel de la Chambre, celle-ci avait déjà une base de discussion : le rapport de M. Charles Benoist. Elle s'en est inspirée.

Elle prit pour rapporteur M. Dessoye,

Dans son rapport, M. Dessoye montre que si antérieurement, Chambre et Sénat n'ont abouti à aucun résultat effectif, c'est

(1) Rapports du 19 Février 1917 et du 30 Janvier 1918.

(2) V. discours de M. Thierry-Cazes. Séance du 19 Mars 1919. J. O. Déb. parl. Ch. D. 1919.

que les deux assemblées, s'accordant à se prononcer sur le scrutin uninominal, la Chambre entendait y substituer un système de représentation proportionnelle que repoussait le Sénat, dont le vote tendait au rétablissement du scrutin de liste pur et simple.

Ce qu'il faut faire maintenant, c'est concilier les deux tendances : à une loyale et claire transaction, tous pourront consentir sans rien abdiquer des raisons de leurs préférences individuelles pour tel ou tel système.

C'est pourquoi la Commission n'a point voulu instituer d'emblée un système entièrement proportionnaliste, parce qu'il n'y a pas en France, à part le parti socialiste, des partis fortement organisés, mais elle espère par contre que la suppression du second tour conduira les partis à se concentrer et à se regrouper.

Voici ce que comportait le régime mitoyen préconisé par M. Dessoye :

Les députés seraient élus au scrutin de liste départemental. Tous les candidats qui auraient obtenu la majorité des suffrages seraient proclamés élus ; et les sièges restants seraient attribués par l'application d'une règle proportionnelle.

C'était donc un système mi-majoritaire, mi-proportionnaliste, susceptible de rallier une majorité au Sénat.

Les débats s'ouvrirent à la Chambre le 14 Mars 1919.

La discussion fut vive, violente, passionnée. Les partisans du « statu quo » invoquèrent des motifs qui manquaient souvent de désintéressement.

Les partisans de la R. P., au contraire, par l'organe de MM.

Charles Benoist et Bracke, notamment, soutinrent leur thèse avec plus de vigueur et des arguments beaucoup plus juridiques.

Les premiers ont montré que le scrutin d'arrondissement n'avait point empêché les grandes réformes sous la IIIme République de se réaliser : ce scrutin permet en outre à l'électeur de connaître son candidat, d'où caution de la personne ;[1] enfin ce contact étroit entre l'électeur et celui pour lequel il vote, ne peut que profiter aux intérêts locaux.

Les seconds, partisans du scrutin de liste avec R. P., en outre des arguments ordinaires en faveur du scrutin de liste, ont invoqué la nécessité absolue de faire de la Loi, l'expression de la volonté générale, et pour celà, les majorités ne doivent point annihiler les minorités; tout électeur doit avoir sa part d'influence dans les affaires publiques[2] : or, avec la R. P. toute voix acquiert une valeur.

Nous n'insisterons pas sur le fond de cette discussion, car les différents systèmes électoraux ont été examinés dans le premier chapitre.

Nous signalerons seulement l'opinion des principaux orateurs, de ceux dont la silhouette se détache plus particulièrement sur l'horizon parlementaire.

M. l'abbé Lemire déclare qu'il restait un arrondissementier incorruptible. « Ma crainte, dit-il, est que le scrutin de liste ne représente des opinions tracées d'avance en vertu de je ne sais quelle infaillibilité des partis ».[3]

---

(1) Discours Briand 21 Mars 1919. J. O. du 22 p. 1390.
(2) Discours Bracke, 8 Avril 1919. J. O. du 9 Avril p. 1780.
(3) V. J. O. Déb. parl. séance du 21 Mars 1919.

M. Jean Hennessy, estimant que la R. P. des partis exige un cadre plus vaste que le département, voulait donner pour préface à la réforme étectorale, la *réforme administrative et régionaliste.*

M. Louis Andrieux développe, non sans exagération, la thèse que les lois constitutionnelles avaient prescrit l'élection des députés au suffrage universel, que cette prescription impliquait le respect du principe majoritaire et que l'on n'avait pas le droit d'établir la proportionnelle sans consulter au préalable le pouvoir constituant.

M. Aristide Briand se fit l'avocat de la proportionnelle en démontrant que si le scrutin d'arrondissement avait rendu au régime républicain d'inappréciables services, puisqu'il l'a consolidé en permettant à des hommes de valeur de cautionner le régime nouveau, il ne correspond plus aux nécessités actuelles, car « l'idée républicaine est dans toute sa puissance de développement ».[1]

La France, meurtrie par la guerre, a besoin pour recréer son énergie première, d'un instrument nouveau qui permette de décongestionner le pouvoir central « *Elle veut sa place dans le monde..... Pour celà, elle ne veut pas sentir autour de ses bras, autour de ses muscles, les mille lacets médiocres qui gènent ses mouvements, et c'est du point de vue électoral que le premier geste pour elle doit être fait* ».[2]

Le 21 Mars, la discussion générale était close. Le 3 Avril, le Président mettait aux voix le projet de la Commission. L'art. 1 du projet de la Commission était ainsi conçu : « *Les membres de la Chambre des Députés sont élus au scrutin de liste en un seul tour de scrutin* ».

---

(1) Séance du 21 Mars 1919. J. O. Déb. parl. 1919.
(2) Séance du 8 Avril 1919. J. O. Déb. parl. 1919.

Deux contre-projets : le contre-projet Dupuy et le contre-projet Lefas furent bientôt retirés.

Le 8 Avril, M. Louis Andrieux déposa un amendement aux termes duquel aucun candidat ne serait proclamé élu au préjudice d'un autre candidat ayant obtenu un plus grand nombre de suffrages. Cet amendement consacrait le *principe majoritaire absolu*.

La Chambre le repousse par 355 voix contre 143. Et, au contraire, adopte ce même jour par 235 voix contre 201 un amendement de M. Bracke proposant de remplacer les mots « *en un seul tour de scrutin* » par ceux-ci « *avec représentation proportionnelle* ».

Le Président de la Commission avait vainement combattu cet amendement, quoique proportionnaliste convaincu, parce que dit-il « Je suis resté fidèle à l'accord qui a été conclu à la commission du suffrage universel entre les proportionnalistes et les majoritaires ».

Voilà donc avec l'amendement Bracke le principe de la R. P. intégrale reconnu par ce vote de la Chambre du 8 Avril.

Triomphe de courte durée. Car le 15 Avril, la Chambre revient sur son vote du 8 en adoptant par 255 voix contre 187 un amendement Bouffandeau favorable au système de la Commission.

M. Bouffandeau soutint, en effet, que le vote avait été un vote de principe : la Chambre avait entendu dire que l'élection aurait lieu *non* à la représentation proportionnelle, *mais avec* représentation proportionnelle ; elle acceptait seulement une application de représentation proportionnelle.[1]

(1) V. *Larousse mensuel*, N° 152. Octobre 1909, page 918.

En somme, on revenait au système Dessoye : majorité absolue et proportionnelle pour les candidats n'ayant pas obtenu cette majorité.

La Chambre manifeste ainsi son ferme désir d'arriver à un résultat. Le 18 Avril 1919, l'ensemble de la proposition de Loi réunit 287 voix contre 138.

*
* *

Nous allons voir l'accueil que le Sénat réservait à ce projet.

C'est M. Alexandre Bérard qui est nommé rapporteur de la Commission sénatoriale.

Cette Commission est loin de professer les mêmes opinions que la Commission de la Chambre. Elle n'accepte que comme une concession le scrutin de liste ; mais elle se prononce pour le système majoritaire contre le système proportionnaliste.

« A la Commission, déclare le rapporteur, un certain nombre d'entre nous était partisan du scrutin d'arrondissement. Si nous y avons renoncé, par esprit de conciliation, nous ne condamnons pas ce scrutin en lui-même. »

Néanmoins, dès le début du rapport de M. Alexandre Bérard, nous lisons cette phrase, grosse d'espoir : « La Commission, très nettement, très fermement, veut aboutir à une entente avec la Chambre des Députés et réaliser une réforme faite d'accord entre les 2 Assemblées ». [1]

Voici affirmée par le Sénat, au moment où commencent les

(1) Le rapport de M. A. Bérard, se trouve : J. O. Sénat - Déb. parl. 1919, au N° 245.

débats sur la réforme électorale (17 Juin 1919), son intention de ne pas retomber dans les errements antérieurs et de ne pas faire échec, de parti-pris, à tout projet de réforme venant de la Chambre.

Si la Commission n'a pas accepté dans son intégralité le projet de la Chambre, c'est qu'il essaie de mêler deux principes absolument contradictoires : le principe proportionnel et le principe majoritaire.

Le Rapporteur ajoute : « Comment admettre la Proportionnelle quand avec le système de la Chambre vous aurez des départements où les députés seront tous élus au système majoritaire; d'autres départements où les députés seront tous élus au système proportionnaliste ; d'autres enfin dans lesquels une partie sera élue au système majoritaire, l'autre au système proportionnaliste ? »

Aussi la Commission sénatoriale demande, par l'organe de son rapporteur, que les prochaines élections aient lieu en un seul tour de scrutin, à la majorité relative (art. 6 du texte de la Commission). C'est le scrutin de liste purement majoritaire. La Commission se prononce contre la proportionnelle : c'est très net.

Un deuxième système est préconisé par M. Guillaume Poulle dans son amendement : il rétablit la majorité absolue au premier tour de scrutin, avec, pour les sièges non pourvus, un deuxième tour où la majorité relative suffit : C'est le scrutin de liste pur et simple, tel qu'il a été pratiqué en 1885.

Enfin, un nouvel amendement de MM. Steeg, Strauss et Doumergue reprend dans son ensemble le projet de la Chambre : majorité absolue, puis répartition par le quotient électoral. La seule différence, c'est que la moyenne de chaque liste est déterminée en divisant le nombre total des suffrages obtenus par le nombre de candidats à élire, et non pas celui des candidats non proclamés élus.

Tels sont les trois systèmes entre lesquels le Sénat avait à se prononcer.

M. Steeg prit la prole en faveur d'un scrutin large et sincère qui serait à la taille des intérêts engagés et se conformerait à l'évolution qui se dessine partout vers l'idée « sociétaire ».

M. Herriot, tout en reconnaissant que le scrutin d'arrondissement « a permis de creuser un à un les sillons où a germé l'idée républicaine » déclara qu'il renonçait à le défendre ; car, au lendemain de la guerre, ce serait un scrutin de guerre civile. Mais il condamna le système de la Commission qui se contente d'une élection à la majorité relative au premier tour.

Le 19 Juin, clôture de la discussion générale au Sénat. Le 20 Juin des motions sont remises au Président.

L'une de MM. Chapuis et Goy était ainsi conçue :

« Le Sénat décide de conserver pour les élections prochaines le mode de scrutin qui a élu la Chambre de 1914. »

La Commission ne s'associe pas à cette motion. Le Sénat l'écarte du reste par 192 voix contre 18, et un tel vote était la condamnation solennelle et définitive par la Haute Assemblée du scrutin uninominal (20 Juin).

On passa au vote. L'article 1er du projet de la Commission fut adopté. Il était ainsi conçu : « Les membres de la Chambre des Députés sont élus au scrutin de liste départemental. » Le texte de la Chambre portait en plus ces mots « avec représentation proportionnelle. »

C'est alors que l'amendement de MM. Strauss, Steeg, Herriot, Doumergue reprit le texte de la Chambre. Le Rapporteur monta à la tribune pour défendre le projet de la Commission et combattre l'amendement.......... « Toute la question qui se pose, déclara-t-il, nettement, est celle-ci : à l'heure présente est-il possible, mieux encore qu'autrefois, d'accepter cette R. P. que la majorité du Sénat a condamnée, que la majorité républicaine condamne,[1] parce que la base de la République, c'est le suffrage universel et que le suffrage universel ne peut exister qu'avec le système majoritaire....... Je vous demande de refaire ce que vous avez fait en 1913, c'est-à-dire de repousser le système proportionnaliste et de maintenir le système majoritaire. »[2]

Le Sénat ne suivit pas sa Commission et la 2me partie de l'amendement Strauss à l'article 6 du texte de la Commission fut adoptée par 120 voix contre 90. L'ensemble de l'amendement fut également adopté.

Le rapporteur Alexandre Bérard donna sa démission à la suite de ce vote et fut remplacé par M. Paul Strauss. Dès lors il n'y avait plus d'opposition de principe entre les deux Assemblées. Aussi l'ensemble de la Proposition de Loi fut adopté par 129 voix contre 4, sur 133 votants.

Avant le retour de la proposition devant la Chambre des Députés, M. Maurice Sarraut donna connaissance au Sénat, au nom d'un certain nombre de ses collègues, de la déclaration de principe, dont voici les grandes lignes.

« Les sénateurs républicains soussignés, considérent comme un devoir de déclarer qu'ils ne peuvent donner ni leur adhésion

---

(1) A ce passage de la déclaration du rapporteur le J. O. porte : » Réclamations à gauche ».

(2) Déb parl. Sénat, 20 Juin 1919.

ni leur vote à la Loi électorale..... Ils pensent que la proportionnelle sera un obstacle au développement des idées démocratiques; car, par sa nature même, elle est destinée à figer les partis et à empêcher les grands courants populaires de se manifester..... Ils estiment que c'est l'honneur des démocrates que d'essayer de conquérir par l'action la majorité qui est la règle de toutes les assemblées..... En conséquence, les soussignés déclarent s'abstenir sur l'ensemble de la Loi. » Signés : Peytral, Alexandre Bérard, Maurice Sarraut, etc..... »

. ˙ .

La proposition retour du Sénat.

La proposition adoptée par la Chambre, adoptée avec de très légères modifications par le Sénat, revient devant la Chambre le 4 Juillet.

L'accord sur ce texte transactionnel ne devait pas tarder à être réalisé entre les deux Assemblées, puisque le 7 Juillet 1919, l'ensemble de la proposition de Loi fut adoptée par 328 voix contre 103 et 71 abstentions.

Dans l'intervalle les « arrondissementiers » tentèrent une dernière attaque contre la proposition de Loi.

Un amendement de M. Deyris à l'article 10 tendit à instituer le scrutin de liste pur et simple, c'est-à-dire avec majorité absolue au premier tour et un deuxième tour avec majorité relative.

La représentation des minorités était ainsi supprimée.

Mais le scrutin donna 119 voix pour et 354 contre.

Un autre amendement, de M. Marius Valette, attribuait les

sièges restants d'après le système de l'apparentement. Le député du Gard critique vivement deux dispositions du texte soumis à la Chambre : celle qui concerne les candidatures incomplètes et celle qui concerne la prime à la plus forte moyenne.

« Avec votre projet, déclare-t-il, la représentation des minorités est faite d'une façon inversement proportionnelle..... Sur 600 députés qui composeront la prochaine Chambre, il pourra arriver que 200 représentants représenteront les 3/5 des suffrages et 400 représenteront les 2/5.

L'amendement Valette fut à son tour combattu par le président de la Commission et finalement 386 députés le repoussèrent. Il n'eut que 98 partisans.

Enfin un amendement Cazassus, tendant à ne proclamer élu aucun candidat qui n'aurait pas réuni un nombre de suffrages égal au quart des inscrits, règle qui s'applique pour les élections aux Conseils généraux et aux Conseils municipaux, fut également repoussé par 342 voix contre 129.

Un amendement de MM. Deyris et Belinguer, à l'article 11 sur les candidats uniques et qui demandait la suppression de cet article, fut retiré.

L'ensemble de la proposition fut adopté par la Chambre à une très forte majorité.

La Loi fut promulguée le 12 Juillet 1919.

Telle est l'histoire d'une réforme dont on avait souhaité la réalisation pendant vingt ans et que seule l'opposition irréductible du Sénat avait arrêtée. Le résultat cherché était atteint en 1919 grâce à l'esprit de conciliation des deux assemblées parlementaires et à leur désir très net d'aboutir. Mais ce même esprit de conciliation donnait à la Loi un caractère de demi-réforme, incomplète, inégale, sujette aux critiques.

CHAPITRE III

Le Mécanisme de la Loi
La Répartition des sièges

La double répartition. — La majorité absolue. — Le système du quotient et des moyennes. — La plus forte moyenne. — Les candidatures isolées.— La liberté du panachage. — Les listes incomplètes. — Le second tour.

Nous nous proposons dans ce chapitre d'expliquer le mécanisme de la Loi du 12 Juillet 1919, de la faire fonctionner dans ses différents rouages.

Nous laisserons de côté les art. 2 et 3 qui s'occupent de la délimitation des circonscriptions électorales ainsi que les articles 5, 6, 7, 8, 9, 14, 15, 16 et 17 précisant certaines conditions de forme relatives aux déclarations, aux procès-verbaux, aux opérations de recensement, etc.

Toute notre attention va se porter sur les articles 1, 10, 11, 12 et 13 qui constituent le centre même de notre sujet. Leur interprétation en a été donnée par une *circulaire du Ministre de l'Intérieur aux Préfets*, en date du 30 Octobre 1919.[1] Cette circulaire parait répondre aux intentions du législateur et c'est à elle que nous nous reporterons à plusieurs reprises au cours de cette étude.

---

(1) V. Rev. du Droit Public et des Sciences politiques. Tom. 37, Ann, 1920.

La loi du 12 Juillet obéit à plusieurs tendances.

Elle renverse le scrutin uninominal qu'on accuse de tous les crimes et qui endosse toute les responsabilités. Elle le remplace par le scrutin de liste départemental.

Ceci fait, elle conserve tout d'abord la majorité absolue qui est une des données fondamentales du théorème républicain. Elle fait passer avant tous les autres les candidats favorisés qui ont atteint cette majorité.

D'où première attribution.

Une deuxième attribution joue à défaut de la première : les candidats sont élus d'après un système de proportionnelle : celui du quotient électoral et des moyennes.

Enfin par un dernier rouage, la Loi fait emploi des restes, s'il y a lieu : c'est la plus forte moyenne.

La répartition est donc double ou triple si l'on veut ; mais elle est simultanée.[1]

Paragraphe I. — La Majorité absolue.

L'art. 1 de la Loi décide :

Les membres de la Chambre des Députés sont élus au scrutin de liste départemental.

---

1) Comme le fait remarquer M. Lachapelle, les commisions de recensement appliquant la Loi, interprètée par la circulaire du ministre, devaient borner leur rôle à la proclamation des élus sans se préoccuper des réclamations des candidats. Or les commissions de recensement de la Haute-Vienne, et de la 3e circonscription de la Seine n'ont consenti à proclamer qu'une partie des élus laissant à la Chambre le soin de répartir les autres sièges. C'est là un abus fâcheux et regrettable. V. Lachapelle, El. lég. 16 Novembre, p. 9 et 10.

Cet article consacre l'abandon du scrutin uninominal d'arrondissement établi par la Loi du 13 Février 1889 et le retour à la Loi du 16 Juin 1885 qui instaurait en France le scrutin de liste.

L'article 10 déclare en effet que

« *Tout candidat qui aura obtenu la majorité absolue est déclaré élu dans la limite des sièges à pourvoir* ».

Par conséquent, tous ceux qui auront réuni sur leur nom la moitié plus un des suffrages exprimés auront droit à un siège.

Cet article 10 est la reproduction littérale de l'article 1er de la Loi du 16 Juin 1885.[1]

Pour tous les candidats qui ont obtenu la majorité absolue, la nouvelle Loi électorale joue comme un système de scrutin de liste pur et simple.

Exemple : Soit 2 listes : A et B, 50.000 votants, 556 bulletins nuls ou blancs, 5 députés. Majorité absolue : 25.000.

	A		B
	42.000	Elu	24.240
	35.000	Elu	21,863
	29.603	Elu	19.841
	27.581	Elu	14.444
	25.204	Elu	7.444
Totaux	159.388		87.832

Les 5 candidats de la liste A, ayant obtenu la majorité absolue sont élus. B ne reçoit aucun siège.

(1) V. J. O. du 17 Juin 1885 p. 3073.

Paragraphe II. — Le quotient électoral et le système des moyennes.

Dans le cas où les candidats n'avaient point réussi à grouper sur leur nom la moitié plus un des suffrages, l'article 5 de la Loi de 1885 indiquait qu'un second tour serait nécessaire, et qu'à ce second tour, la majorité relative suffirait.

Avec la loi de 1919, rien de pareil. L'art. 10 continue en effet comme suit :

« S'il reste des sièges à pourvoir,..... on détermine le quotient électoral..... on détermine la moyenne de chaque liste...... Il est attribué à chaque liste autant de sièges que sa moyenne contient de fois le quotient électoral ».

Ici la Loi de 1919 se sépare diamétralement de la Loi de 1885. Elle innove en décidant que s'il reste des sièges à pourvoir, il y aura lieu à une répartition de sièges, proportionnelle au nombre de suffrages recueillis par chaque liste. C'est le système de la Représentation proportionnelle qui joue pour la première fois dans une loi électorale française, à titre subsidiaire, il est vrai, mais en entrainant des conséquences fort originales. Comme le souligne la circulaire du Ministre : «c'est la première fois que les partis sont appelés à la répartition des sièges en tant que partis et sont servis en raison du nombre moyen de leurs suffrages, quelles que soient les inégalités qui puissent ainsi être créées entre les personnes qui composent les diverses listes en présence »,

Chaque liste a autant de sièges que sa moyenne contient de fois le quotient électoral.

La Commission de recensement a donc à effectuer ces deux opérations préliminaires :

1° *Déterminer le quotient électoral.*

2° *Calculer la moyenne de chaque liste.*

1° *Quotient électoral :* Le quotient électoral s'obtient en divisant le nombre des suffrages exprimés, c'est-à-dire celui des votants, déduction faite des bulletins blancs ou nuls, par celui des députés à élire.

Exemple : Inscrits 70.000.

Votants 51.000.

Bulletins blancs ou nuls 1 000.

Députés à élire 5.

Suffrages exprimés 50.000.

Le quotient électoral est de $\frac{50.000}{5} = 10.000.$

2° *Système des moyennes* : Le calcul de la moyenne de chaque liste est fondé sur le total des voix obtenues par tous les candidats d'une liste.

On additionne les voix obtenues par tous les candidats. Ce total obtenu, on le divise par le nombre de candidats de la liste : on a ainsi la moyenne de la liste.

Soit une liste composée de 4 candidats ayant obtenu le chiffre de voix suivant :

A	20.302
B	25.495
C	42.608
D	33.972
Total	122.377

La moyenne de la liste est la suivante :

$$\frac{122.377}{4} = 30.594$$

Il faut remarquer que, dans ce calcul, on tient compte de tous les candidats, même si certains d'entr'eux ont déjà été proclamés élus à la majorité absolue, lors de la première attribution. Ce n'est que jùstice puisqu'on veut connaitre la force moyenne d'une liste donnée.

Ceci fait, la commission attribue à chaque liste autant de sièges que sa moyenne contient de fois le quotient électoral.

Exemple : Suffrages exprimés : 50.000

Majorité absolue : 25.001

Députés à élire : 5

Quotient : 10.000

3 listes : A. B. C. Elles obtiennent :

	A		B		C
a	28.640	f.	3.649	k.	4.500
b	25.901	g.	14.315	l.	4.030
c	24.322	h.	13.810	m.	3.904
d	14.540	i.	4.936	n.	2.200
e	18.622	j.	16.015	o.	1.240
	112.025		52.725		15.880

Seront élus à la majorité absolue *a* et *b*.

Pour les autres sièges on fera jouer la proportionnelle c'est-à-dire le quotient et le système des moyennes. Ces moyennes sont ;

Pour A $\frac{112.225}{5} = 22.445$

Pour B $\frac{52.725}{5} = 10.545$

Pour C $\frac{15.880}{5} = 3.176$

La moyenne de A contient 2 fois le quotient électoral $\frac{22.445}{10.000} = 2$. A aura droit à deux sièges.

Celle de B, une fois $\frac{10.545}{10.000} = 1$. B aura un siège.

Celle de C, zéro fois $\frac{3.176}{10.000} = 0$ fois. C n'aura aucun siège.

Mais, dans chaque liste, à quels candidats iront ces sièges ? L'article 10, alinéa final donne la solution : *« Ces sièges sont, dans chaque liste, attribués aux candidats qui ont réuni le plus de suffrages »*. Dans cette disposition se manifeste avec évidence le souci du législateur de ne tenir aucun compte des individualités, pour observer uniquement la volonté des électeurs. Si, dans la liste, c'est celui dont le nom est le dernier inscrit qui obtient le plus grand nombre de suffrages, c'est lui que la commission de recensement devra proclamer élu, et c'est ainsi que l'on a vu, lors des élections du 16 Novembre, des ministres candidats placés, lors de la rédaction des listes, en tête de la liste, comme des drapeaux sur lesquels on devait se rallier, dépassés de beaucoup par leurs co-listiers, à qui les sièges ont été attribués.

Dans notre exemple, dans la liste A, *c* et *e* seront élus : *e* ayant obtenu 18.622 voix prend la place de d, qui ne réalise qu'un nombre de suffrages égal à 14.540 voix.

Dans la liste B, j, avec 16.015 voix obtiendra le dernier siège restant.

Rappelons que dans le calcul des moyennes, il n'est tenu aucun compte des sièges attribués à la majorité absolue ; c'est le total de toutes les voix additionnées de chacun des co-listiers, y compris ceux proclamés élus à la majorité absolue, qui sert de base au calcul de la moyenne d'une liste. La liste dont certains candidats ont obtenu des sièges à la majorité absolue, bénéficie donc d'une prime sérieuse qui contribue à augmenter ses chances, au moment de la seconde attribution par le quotient.

L'importance de l'alinéa final de l'article 10 apparait à un autre point de vue : au cas où le quotient attribue aux diverses listes en présence plus de sièges qu'il n'en reste à répartir.

Exemple : 3 listes A. B C.

Suffrages exprimés : 61 999.

Majorité absolue : 31.000.

Députés à élire : 5.

Quotient : 12.399.

	A		B		C
a	35 646	f	27 134	k	16.827
b	32.125	g	21.428	l	15.945
c	26 243	h	18.379	m	14 124
d	25 143	i	15 632	n	11.349
e	24 489	j	14.719	o	10 785
	143 646		97.292		69 030

Moyen. de A 28 729 Moyen. de B 19 458 Moyen. de C 13 792

a et b sont élus à la majorité absolue.

Sont élus au quotient { c et d
f

c et d, parce que la moyenne de A, 28.729 contient 2 fois le quotient.

f, parce que la moyenne de B, 19.458 contient 1 fois le quotient.

Mais la liste C, dont la moyenne 13.792 contient 1 fois le quotient 12.399 n'a aucun élu ; c'est que les candidats c et d, ou le candidat f, ont personnellement obtenu plus de suffrages que le candidat h.

En cas d'égalité, l'élection, dit l'art 12, alinéa 1, est acquise au candidat le plus âgé.

Enfin, autre disposition capitale de l'art. 12, il ne suffit pas pour un candidat d'atteindre le quotient électoral, il faut en outre que le nombre de ses voix ne soit pas inférieur à la moitié de la moyenne de sa liste. Et celà nous amène à envisager un mode de détermination des sièges.

Paragraphe III. — De la plus forte moyenne.

Lorsqu'on a fait jouer la majorité absolue et le quotient électoral, tous les sièges peuvent se trouver pourvus.

S'ils ne le sont pas — ou si un ou plusieurs des candidats, bien qu'atteignant le quotient électoral, n'ont pas cependant un nombre de voix supérieur à la moitié du nombre moyen des suffrages de la liste dont ils font partie — un troisième rouage de la loi va fonctionner : celui de la plus forte moyenne. « Les sièges restants seront, s'il y a lieu, dit l'alinéa sixième de l'art. 10, attribués à la plus forte moyenne ».

1re Hypothèse : Après la répartition par le quotient, tous les sièges ne sont pas pourvus. Voici un exemple d'application de la plus forte moyenne emprunté du reste au scrutin du 16 novembre 1919.

Soit 4 listes : A. B. C. D. et 6 candidats à élire.

Suffrages exprimés :	82.890
Majorité absolue :	41.445
Quotient électoral :	13.815

A	obtient	un total de	127.478	voix —	Moyenne :	21.246
B	»	»	154.488	»	»	25.748
C	»	»	164.426	»	»	27.404
D	»	»	45.110	»	»	7.518

Il n'y a pas d'élection à la majorité absolue.

La proportionnelle joue.

A, B et C dont les moyennes respectives contiennent une fois le quotient auront chacune un siège,

Mais il restera 3 sièges à pourvoir.

Ces 3 sièges sont attribués à la liste qui a la plus forte moyenne, c'est-à-dire à la liste C.

2me Hypothèse : Le nombre des voix d'un candidat est inférieur à la moitié de la moyenne de sa liste... La circulaire du 30 octobre est très précise sur ce point et nous lui empruntons les grandes lignes de notre démonstration. [1]

2 cas peuvent se présenter, suivant que la liste, où se trouvent

(1) V. également Esmein. — Droit Constitutionnel, 1921, revu par M. Henry Nézard.

le ou les candidats qui n'obtiennent pas le minimum de suffrages exigé par la Loi, possède ou non la plus forte moyenne.

1er cas : La liste où se trouvent ces candidats, n'est pas celle qui possède la plus forte moyenne.

Exemple :	Suffrages exprimés :	60.250
	Majorité absolue :	30.126
	Députés à élire :	5
	Quotient électoral :	12.050

3 listes A. B. C.

	A		B		C
a	44 302	f	29.078	k	15.227
b	35 442	g	28 105	l	14 349
c	10.125	h	27.818	m	11 943
d	10 089	i	26.401	n	9.628
e	10 042	j	20.240	o	8.275
	110.000		131 828		59 422

Moyen. de A 22 000 Moyen de B 26 365 Moyen de C 11 884

a et b sont élus à la majorité absolue.

Alors joue le quotient :

A reçoit un autre siège, parce que sa moyenne 22 000 contient 1 fois le quotient 12 050

B reçoit deux sièges, parce que sa moyenne 26.365 contient 2 fois le quotient 12.050.

C ne reçoit rien, parce que sa moyenne 11.884 ne contient pas le quotient 12.050.

Les 2 candidats a et b de la liste A étant déjà élus à la majorité absolue, le siège qui échoit à cette liste devrait revenir au candidat c. Mais comme le chiffre des voix de c, 10.125 ne dépasse pas la moitié de la moyenne des voix de sa liste, soit $\frac{22.000}{2} = 11.000$, il ne peut pas être élu.

Dans ce cas, la circulaire du 30 octobre estime que le siège revient à la liste qui a obtenu la plus forte moyenne, c'est-à-dire à B. Par suite, f et g, de la liste B, seront élus au quotient. h sera élu à la plus forte moyenne.

Dans cette hypothèse, le système de la plus forte moyenne tend à écarter le système du quotient.

2me Cas : La liste en question est celle qui possède la plus forte moyenne.

Suffrages exprimés : 60.250

Majorité absolue : 30.126

Députés à élire : 5

Quotient : 12 050

3 listes A B. C.

	A		B		C
a	48 302	f	28.078	k	15.227
b	40.422	g	25 195	l	14.349
c	12 125	h	22.818	m	11.943
d	12 089	i	21 491	n	9 628
e	12.062	j	19 246	o	8.275
	125 000		116 828		59 422

Moyen de A 25 000 Moyen de B 23 365 Moyen. de C 11.884

Sont élus à la majorité absolue a et b de la liste A.

Est élu au quotient : f. comme candidat obtenant le plus grand nombre de voix de la liste B, liste dont la moyenne 23.365 contient 1 fois le quotient 12.050.

La liste C n'a aucun siège, car sa moyenne 11.884 ne contient pas une seule fois le quotient 12.050. Reste donc à pourvoir : 2 sièges. Le système de la plus forte moyenne va fonctionner. La liste qui obtient la plus forte moyenne c'est la liste A. Les sièges devraient revenir à c et d ; mais ces deux candidats ne réunissent pas personnellement un nombre de voix supérieur à la moitié de la moyenne de leur liste.

12.125 et 12.089 sont plus petits que $\frac{25.000}{2}$ = 12.500.

On ne peut pas substituer B à A, comme liste présentant la plus forte moyenne, dans l'ordre décroissant de l'importance des moyennes. Ce serait sans nul doute contraire à l'esprit du texte et à l'intention du législateur. Il n'y a donc qu'une solution, qu'un remède : un second tour de scrutin, à quinzaine. C'est la solution que préconise le Ministre de l'Intérieur dans sa circulaire aux Préfets.

Paragraphe IV. — Les Candidatures isolées — Le « Panachage » — Les Listes incomplètes — Le Second tour.

Il nous reste à étudier un certain nombre de questions de moindre importance, mais qui peuvent néanmoins se poser dans la pratique.

1° *Les Candidatures isolées.* — L'article 5 de la Loi, alinéa 5 dit : « Toute candidature isolée est considérée comme formant une liste à elle seule. La déclaration de candidature devra [illegible] être appuyée par cent électeurs de la circonscription dont les signatures seront légalisées et ne pourront s'appliquer qu'à une seule candidature. »

Le législateur n'a pas voulu porter atteinte à la liberté des électeurs. Et cependant, il faut reconnaître, sans parti-pris, les inconvénients de la candidature isolée : elle n'en présente pas dans un scrutin de liste purement majoritaire, mais au contraire dans un système de Représentation proportionnelle elle peut aboutir à des manœuvres qui troubleront l'équitable répartition des sièges ; elle nuit à la discipline des partis, et bien souvent, un candidat connu, populaire, préfèrera se présenter seul pour ne pas partager ses voix avec d'autres candidats. Il y a enfin le danger des candidatures excentriques, dans un but de réclame commerciale.

Chambre et Sénat ont pris des précautions :

La Chambre, en décidant à l'article 5 qu'une candidature isolée ne pourrait être reçue qu'à condition d'être appuyée par cent électeurs.

Le Sénat, en introduisant dans la Loi l'article 11 ainsi conçu : « Le candidat unique, s'il n'a pas la majorité absolue, n'entrera en ligne pour la répartition des sièges que lorsque les candidats appartenant à d'autres listes et ayant obtenu plus de suffrages que lui, auront été proclamés élus ». Et celà, même si le chiffre de ses voix contient le quotient, même si la liste qu'il forme à lui seul présente la plus forte moyenne. Dans ce cas un second tour serait nécessaire, mais alors à ce second tour, le candidat unique peut être élu même si les candidats plus avantagés que lui ne sont pas proclamés.[1]

Par cette disposition, le Sénat a sérieusement « handicapé » le

---

(1) Circulaire du 30 Octobre.

candidat isolé. Et l'on peut se demander si, pour éviter certains inconvénients, il n'en a pas suscité d'autres.

Voici un exemple :

Suffrages exprimés	:	50.848
Majorité absolue	:	25.425
Députés à élire	:	4
Quotient électoral	:	12.712

4 listes en présence : A. B. C. D.

A	B	C	D
24 510	24 154	16.115	Candidat unique
24 412	23.958	15.627	23.504
7 640	6.482	14 954	
6.238	4 120	12.643	
62 800	58.723	59 339	

Voici leurs moyennes :

A $\frac{62.800}{4}$ = 15 700 B $\frac{58.723}{4}$ = 14.680 C $\frac{59339}{4}$ = 14.834

D $\frac{23.504}{1}$ = 23.504

En principe, voici quels devraient être les résultats :

Pour A, sa moyenne contenant 1 fois le quotient $\frac{15.700}{12.712}$ = 1 siège

Pour B, sa moyenne contenant 1 fois le quotient $\frac{14.680}{12.712}$ = 1 siège

Pour C, sa moyenne contenant 1 fois le quotient $\frac{14.834}{12.712}$ = 1 siège

Pour D, sa moyenne contenant 1 fois le quotient $\frac{23.504}{12.712}$ = 1 siège

Mais comme la liste D n'est composée que d'un candidat et qu'il se trouve dans les autres listes des candidats plus avantagés que lui (art. 11), aucun siège ne lui sera attribué — alors que, cependant, c'est cette liste qui contient la plus forte moyenne. D'où nécessité d'un nouveau scrutin à quizaine. Le candidat unique ne pourra échapper à cette prohibition que si sa moyenne contient deux fois le quotient et s'il n'est primé que par un seul candidat; car dans cette hypothèse, ce candidat prendra un des deux sièges, et après cette première attribution, le candidat unique n'ayant plus en face de lui aucun candidat ayant plus de voix que lui, sera élu.

Exemple :

Suffrages exprimés : 60.126

Majorité absolue ; 30.064

Députés à élire : 5

Quotient électoral : 12,032

A	B	C	D
28 915	27 243	Candidat	8.240
27.643	24.154	unique	7 654
26 429	21 029	25.947	6 129
24 758	20 354		5.087
23 524	19 287		4.238
131 269	112.067		31.348

Voici leurs moyennes :

A : 26.253 B : 22.413 C : 25.947 D : 6.269

Aucun candidat n'obtient la majorité absolue. D'où répartition proportionnelle.

A dont la moyenne contient 2 fois le quotient $\frac{26.253}{12.032} = 2$ sièges

B dont la moyenne contient 1 fois le quotient $\frac{22.413}{12.032} = 1$ siège

C reçoit 2 sièges parce que sa moyenne contient deux fois le quotient $\frac{25.947}{12.032} = 2$. Mais ce candidat unique, en vertu de l'art. 11 ne peut être élu, parce que dans la liste A, il reste un candidat possédant plus de voix que lui. Le siège ira à ce candidat qui obtient 26.429 voix parce qu'il appartient à la liste qui a la plus forte moyenne. Désormais, comme avant C, aucun candidat n'a plus de voix que lui, C pourra être élu : la règle de l'art. 11 n'étant plus applicable.

Voici une autre hypothèse prévue par la circulaire du 30 Octobre, et qui ne s'est du reste pas réalisée le 16 Novembre ; celle où il n'y aurait que des candidats uniques.

Soit 5 députés à élire, et 15 candidats uniques en présence : 67.122 suffrages exprimés.

La majorité absolue étant de 33.562 et le quotient de 13.424, ces 15 candidats obtiennent :

A	B	C	D	E	F	G	H
29.215	28.127	23.509	23 046	22.453	22 324	21 539	21.148

I	J	K	L	M	N	O
20 416	20,192	19 537	19.143	18.054	18.159	17.840

Aucun n'obtient la majorité absolue. Et d'autre part, la Répartition Proportionnelle ne peut pas jouer. Il y a lieu de faire application de l'article 12, alinéa 2 : « Si un siège revient à titre égal à plusieurs listes, il est attribué parmi les candidats en ligne, à celui qui a recueilli le plus de suffrages ». Les 5 premiers candidats, étant les plus favorisés, seront élus.

Enfin, dernière hypothèse : Lorsque plusieurs candidats uniques qui ont recueilli chacun un siège par le jeu du quotient, sont primés par des candidats non élus d'une liste qui possède la plus forte moyenne, pour l'attribution des sièges à ces candidats uniques, on suivra l'ordre ascendant.

Exemple : Suffrages exprimés :

Députés à élire : 5

Majorité absolue : 30 053

Quotient : 12 021

	A	B	C	D	E	F
o	28.142	23.248	22.154	20 319	17.428	16.438
r	25.039				14.654	12.517
x	24.456				11.123	9 123
y	23 219				9.149	8.205
z	21 124				7.137	7.033
	121.980				59.491	53.316

A a droit à 2 sièges, en vertu du quotient.

La moyenne de E ou de F ne contient pas le quotient.

B. C. D. qui contiennent chacun une fois le quotient ont droit à 1 siège.

Mais les 3 candidats uniques sont primés par les 3 autres candidats de la liste ; si on appliquait littéralement l'article 11, il faudrait donc les proclamer élus. Mais l'interprétation sera autre si on compare d'abord les suffrages du premier de ces 3 candidats et ceux du dernier des 3candidats uniques, c'est-à-dire de celui qui a obtenu le moins de voix des 3.

Nous voyons que D est primé par X, X sera donc élu.

C'est primé par Y, Y sera donc élu.

Mais B, n'est plus primé par un autre, c'est lui qui sera élu à la place de Z.

Cette solution est juste, car la règle de l'article 11 est une disposition exceptionnelle qui doit par conséquent recevoir une stricte interprétation.

2° *Le Panachage.* — Sous le régime de la Loi du 12 Juillet, l'électeur a la liberté de « panacher » sa liste, c'est-à-dire de substituer aux noms des candidats de la liste qu'il adopte d'autres noms de candidats des autres listes.

On ne trouve sur ce point aucune disposition restrictive dans la Loi, son silence équivaut à autorisation, bien que le panachage soit en contradiction très nette avec le principe de la R. P. Nous reviendrons du reste plus loin sur cette question.

3° *Des Listes incomplètes.* — La Loi n'en dit rien non plus. De toute évidence, on procède comme dans le cas d'une liste complète. Pour obtenir la moyenne, on divise le nombre total des suffrages suivant le nombre des candidats.

Soit 8 députés à élire dans un département.

3 candidats forment une liste : la moyenne de leur liste sera le total des voix obtenues par eux divisé par 3.

Nous verrons dans le chapitre suivant les inconvénients de ces listes incomplètes devant la consultation électorale du 16 novembre.

4° *Le Second Tour.* — Bien que le législateur de 1919 ait eu à chaque instant la préoccupation d'éviter le second tour, il n'a pu l'écarter dans certaines hypothèses.

Le paragraphe premier de l'article 13 prévoit d'abord deux cas : 1° Si le nombre des votants n'est pas supérieur à la moitié des inscrits, aucun candidat n'est proclamé élu. Cette disposition mérite toute approbation, elle est une garantie contre les abstentions toujours regrettables dans un système qui tend à une représentation équitable des partis.

Par suite, de nouvelles opérations électorales ont lieu 15 jours après les premières, même si un candidat obtient l'unanimité des suffrages, même si une liste contient plusieurs fois le quotient.

2° Il en est de même si aucune liste n'obtient le quotient électoral, car on ne peut procéder à la répartition proportionnelle entre les listes en présence. Le cas s'est présenté à Alger et à Oran. A Alger, le quotient était de 17.791, et le candidat le plus favorisé n'a obtenu que 12.092 voix. A Oran, le quotient était de 16.042 et le candidat le plus favorisé n'obtenait que 12.499 voix. Néanmoins, cette disposition ne fait pas obstacle à la proclamation des candidats qui ont atteint la majorité absolue. La loi de 1919 consacre en effet l'application de 2 principes : le principe majoritaire en premier lieu ; le principe proportionnel, en second lieu. L un peut jouer en l'absence de l'autre.

Les articles 11 et 12 contiennent en outre, implicitement, deux autres cas de second tour.

Nous avons déjà signalé celui de l'article 11 ; Au cas, où un candidat unique, dont la moyenne contient le quotient est primé par des candidats des autres listes, il n'entre en ligne que lorsque ces candidats qui ont obtenu plus de suffrages que lui, auront été proclamés élus. Mais si c'est sa liste qui possède la plus forte moyenne, on se trouve alors perdu dans une impasse dont on ne peut sortir que par un second tour de scrutin.

Le paragraphe 3 de l'article 12 indique enfin un quatrième cas de second tour; si les candidats appelés à recueillir les sièges attribués à leur liste[1] n'ont pas personnellement un chiffre de suffrages supérieur à la moitié de la moyenne de leur liste, bien que leur liste possède la plus forte moyenne, ils ne peuvent être proclamés élus. Il y a lieu à de nouvelles opérations électorales.

A ce second tour, l'attribution des sièges se fait suivant la triple répartition : majorité absolue, quotient, plus forte moyenne. Mais le candidat unique pourra être élu même si les candidats plus avantagés que lui ne sont pas proclamés, et d'autre part, les candidats peuvent être proclamés même si le nombre de leurs suffrages est inférieur à la moitié du nombre moyen de suffrages de leur liste. Enfin, si aucune liste n'atteint le quotient électoral, la répartition proportionnelle (au quotient ou à la plus forte moyenne) ne peut jouer; elle est remplacée par la proclamation des candidats qui recueillent le plus de suffrages : le paragraphe 3 de l'art 13 le dit expressément.

---

(1) V. l'exemple côté plus haut

CHAPITRE IV

Les Vices et les Contradictions de la Loi

Etude critique de la Loi du 12 Juillet 1919

Critique générale de la Loi au point de vue de la sincérité d'une consultation électorale quelconque. — Les inconvénients du panachage ; silence de l'article 10 à ce sujet. — Les anomalies de l'article 12 ; Nécessité d'un quotient unique et uniforme. — La prime à la plus forte moyenne, injustice criarde. — Suivant la tactique adoptée, les résultats sont complètement retournés (inconvénient des listes incomplètes). — Les candidatures isolées.

Au cours des débats sur la loi électorale on a pu entendre un député lancer à ses collègues cette phrase sinistre : « Le projet qui vous est présenté est un monstre [1] ». Mais dans le même moment, M. Charles Benoist disait de son côté : « Nous ne considérons la réforme que comme un tout petit commencement [2] ».

La loi du 12 juillet 1919 est une cote mal taillée et de là vient tout le mal. Avant de critiquer cette loi contre laquelle s'accumulent aujourd'hui les sarcasmes et les mépris, il faut y réfléchir.

---

(1) J. O. Déb. parl. 4 juillet 1919. — Proposition retour du Sénat.

(2) id. même séance.

Le plus grand reproche que nous lui adressons, *c'est de nuire à la sincérité de toute consultation électorale, quelle qu'elle soit.*

Déjà, dans un scrutin d'arrondissement, les compromissions sont largement permises et au second tour, on peut voir la main dans la main, unis contre un troisième, deux candidats qui se déchiraient à belles dents quelques jours auparavant.

Déjà, dans un scrutin de liste pur et simple, des coalitions extrêmement bizarres pouvaient se former sous le couvert d'unions ou de concentrations brusquement imaginées. Mais que sera-ce si des candidats, de nuances fort diverses, s'unissent soit pour augmenter leur moyenne, soit pour bénéficier de la prime à la plus forte moyenne.

Par le fait de concentrations réalisées au jour du vote, le résultat des élections varie du tout au tout. Car la loi du 12 juillet 1919 pousse aux coalitions ; avec elle, la concentration est un des éléments du succès.

Exemple : Dans la Seine-Inférieure, 11 députés à élire. 2 listes : une liste républicaine, une liste socialiste. La première obtient 1.047.892 voix avec une moyenne de 95.262. Tous ses candidats sont élus à la majorité absolue. La deuxième obtient 452.109 voix avec une moyenne de 41.101. Elle n'a aucun élu.

Dans la Seine-et-Oise, 12 députés à élire, 5 listes en présence, dont l'une, la liste d'union démocratique décroche tous les sièges (9 à la majorité absolue, 3 au quotient). Elle obtient 1.037.107 voix.

En face 4 autres listes pour lesquelles un total de 917.008 électeurs qui ont jeté leurs bulletins dans l'urne, n'obtiennent pas un seul siège.

Que devient dans de pareilles hypothèses la Représentation proportionnelle ? Elle est bafouée, annulée. On prétend l'avoir introduite dans la Loi du 12 Juillet. Erreur !

Peut-on du moins engager l'électeur à voter pour ou contre une liste ? Nullement. Car ces listes sont des blocs, sans programme précis. La clarté des idées s'en ressent : la sincérité des opérations électorales s'efface.

Et dans la pratique, que fait l'électeur ? Il trie, il choisit. Dans une liste donnée, il supprime les noms qui lui déplaisent. En résumé, il vote plutôt contre un candidat que pour un parti. Il décapite les têtes de listes. Et c'est ainsi que tant de ministres ou de parlementaires notoires sont tombés aux élections du 16 Novembre.

Cela est permis par suite de la facilité laissée à l'électeur de « panacher ».

L'article 10 (dernier alinéa) se borne en effet à préciser que les sièges seront, dans chaque liste, attribués aux candidats qui auront réuni le plus de suffrages.

Nous avons déjà indiqué combien le panachage reste en contradiction soit avec le scrutin de liste, soit avec la R. P. qui ont en effet pour caractéristique de dégager des principes et de développer des partis, et non de signaler à la renommée telle ou telle individualité.

Voici à ce sujet l'opinion de M. Lachapelle[1] : « Sous le vain prétexte de respecter la liberté d'un petit nombre d'électeurs, écrit-il, on a violé celle du plus grand nombre. La faculté donnée à chacun d'eux de voter pour autant de candidats qu'il y a de députés à élire et de les choisir indistinctement sur toutes les listes produit en effet des résultats singuliers. Dans ce système ce sont très souvent les adversaires d'une liste qui déterminent le choix des élus de cette liste. »

(1) Lachapelle, El. lég. O. cit.

Le panachage est donc illogique.

Car l'électeur qui distrait une seule voix d'une liste pour la donner à une liste adverse va augmenter la masse de cette liste et contribue à augmenter ses chances. Il ne peut savoir d'avance quel sera le résultat de son vote. En définitive, le panachage fausse et brouille la répartition des sièges entre candidats d'une même liste.

Avec un système de représentation porportionnelle intégrale, il n'y a pas de panachage possible.

L'électeur ne doit mettre dans l'urne qu'un bulletin : celui d'une des listes. Car chaque liste forme un tout homogène que l'intérêt supérieur de la justice électorale ne permet pas d'altérer. L'inconvénient, objectera-t-on, c'est que les candidats d'une même liste ont le même nombre de voix. Mais dans ce cas, ou bien les élus pourraient être choisis suivant l'ordre indiqué sur la liste, ou bien l'électeur pourrait marquer ses préférences en plaçant à côté de chacun des noms un numéro d'ordre : 1, 2, 3, 4, etc........

Nous laissons ce soin là au législateur.

.·.

Le panachage c'est donc une des grosses erreurs de la loi du 12 juillet.

Nous avons déjà signalé par ailleurs l'erreur que constitue un quotient électoral essentiellement variable avec chaque circonscription. N'étant pas uniforme pour tous les départements, il s'ensuit que la répartition n'est nullement proportionnelle.

Egal à 4337 dans les Basses-Alpes, il monte à 16.621 dans le Maine-et-Loire (1re circonscription) et dans la Seine (4me circonscription) il atteint 19.766.

De ce fait, les députés sont loin de représenter le même nombre d'électeurs. L'autorité qu'ils tiennent de leur mandat risque de s'en trouver amoindrie.

Le remède, le voici : un quotient unique uniforme [1]

On admettra, par exemple, que tout candidat qui se présente aux élections législatives, devra réunir un nombre de voix déterminé ; supposons 25.000. Mais un tel résultat n'est possible que si l'on a auparavant réalisé la péréquation des circonscriptions électorales.

En somme, c'est la réforme administrative qui est au bout.

---

(1) Lachapelle : *L'œuvre de demain*. Voici comment M. Lachapelle entend la R. P. en appliquant *le système du nombre unique* à de grands collèges électoraux « On veut faire nommer par hypothèse, dit-il, un nombre de 300 députés par 9 millions d'électeurs...... Pour que chaque groupement obtienne une part légitime de représentation, il faut fixer tout d'abord le chiffre de suffrages nécessaires à une élection, chiffre qui s'obtient en divisant la somme des suffrages exprimés par le nombre des députés à élire. Dans notre hypothèse, le quotient de cette division 9.000.000 : 300 = 30.000.

Par conséquent, si le parti A obtient 3 millions de suffrages, il aura droit à $\frac{3.000.000}{30.000} = 100$ sièges.

Si le parti B obtient un million et demi de suffrages il aura droit à $\frac{1.500.000}{30.000} = 50$ sièges, et ainsi de suite.

Sans doute la somme des suffrages obtenus par chaque parti ne sera pas exactement divisible par 30.000. Il y aura toujours des restes, c'est-à-dire des suffrages inutilisés. Par exemple, si un parti obtient 3.005.000 suffrages, ses restes s'élèveront à 5.000 voix. Mais chaque parti étant traité de la même manière, aucune injustice ne sera commise.

.˙.

Cette instabilité du quotient n'est pas la seule anomalie consacrée par l'article 12. Il y en a d'autres.

La plus énorme est la double prime portant sur les sièges attribués à la majorité absolue et à la majorité relative, dont bénéficient les listes qui ont obtenu le plus de voix.

Nous savons que la prétendue répartition proportionnelle imaginée par la loi du 12 juillet 1919 est complètement écartée pour les départements où la majorité absolue est atteinte par tous les candidats d'une même liste.

Si nous nous reportons aux dernières élections, nous vérifierons l'hypothèse dans 19 départements : l'Allier, le Calvados, les Côtes-du-Nord, l'Eure, la Gironde, la Loire-Inférieure (2e circonscription), la Haute-Marne, la Mayenne, la Meurthe-et-Moselle, le Pas-de-Calais (1re et 2e circonscriptions), la Haute-Savoie, la Saône-et-Loire, la Seine (4e circonscription), la Seine-Inférieure, les Deux-Sèvres, le Var, le Bas-Rhin, le Haut-Rhin et la Moselle.

Le système pourra jouer dans 20 ou 25 collèges avec la même simplicité. Chaque liste obtiendra autant de sièges qu'elle réunira le quotient uniforme que nous désignerons sous le nom plus clair de nombre unique. Si la liste du parti A réunit 100 000 voix, elle obtiendra donc 3 sièges avec 10.000 voix de reste. Mais si dans un autre collège, la liste du même parti réunit 110.000 voix elle obtient 3 sièges avec des restes de 20.000 il sera tout indiqué de lui attribuer un siège de plus, parce que ses 20.000 voix inutilisées ajoutées aux 10.000 du même parti formeront un total de 30.000 atteignant le nombre unique nécessaire à l'élection d'un député ».

Dans ces départements, tout s'est passé comme si on était revenu au scrutin de liste majoritaire. [1]

Un semblable résultat ne saurait satisfaire les aspirations des proportionnalistes ; il répond du moins aux intentions du législateur de 1919 qui veut favoriser les fortes moyennes et les suffrages nombreux. Enfin du point de vue même de la justice électorale, et des principes d'un gouvernement démocratique, on peut l'admettre.

L'injustice apparait lorsqu'une des listes obtient tous les sièges ou le plus grand nombre de sièges, soit en vertu du quotient, soit en vertu de la prime à la plus forte moyenne.

Ecartons tout d'abord le cas où l'application du quotient donnera des solutions équitables. Ainsi dans le département de l'Hérault les 3 listes en présence avaient réuni une moyenne respectivement de 28.876 voix, 28 178, 27.997. En vertu du quotient, chaque liste a obtenu 2 sièges. Le septième siège à pourvoir est revenu à la liste qui avait eu la plus forte moyenne (28 870). Ce n'était que justice. Pour une fois la Loi du 12 Juillet 1919, s'est trouvée d'accord sur la R. P. intégrale.

Mais, en dehors de l'Hérault, on ne trouve guère que 13 autres circonscriptions où les erreurs ne se sont pas produites et où la Loi de 1919 a donné des résultats identiques à ceux qu'eût donnés la véritable Proportionnelle Ce sont : l'Aube, la Corse, la

---

(1) Notons que la R. P. eut donné des résultats radicalement différents. Ainsi dans le Pas-de-Calais (1° circ.) la liste républicaine aurait eu 4 sièges au lieu de 0, la liste socialiste 4 au lieu de 8. De même dans la Gironde, la R. P. n'eut attribué que 7 sièges à la liste d'union républicaine, au lieu de 12. La liste radicale aurait eu 1 siège au lieu de 0, la liste socialiste 2 sièges au lieu de 0.

Drôme, le Gers, l'Ile-et-Vilaine, le Loiret, le Nord, l'Orne, le Puy-de-Dôme, les Hautes-Pyrénées, la Seine (3me circonscription), la Seine-et-Marne et la Vaucluse.

Pour toutes les autres circonscriptions la Loi a abouti à des injustices. Pour concrétiser le problème puisons des exemples dans les dernières élections.

Dans la Haute-Vienne, voici 2 listes en compétition :

Une liste républicaine, une liste socialiste, 5 sièges à pourvoir.

Liste Républicaine	Candidat N° 1 : 36.712		
	» 2 : 38.369		
	» 3 : 36.925	Moyenne 37.120	
	» 4 : 37.100		
	» 5 : 36.487		
Liste Socialiste	Candidat N° 1 : 43.043		
	» 2 : 41.005		
	» 3 : 40.023	Moyenne 40.844	
	» 4 : 39.865		
	» 5 : 39.687		

Suffrages exprimés : 79.821

Majorité absolue : 39.911

Quotient : 15.964

Les candidats 1, 2, et 3 de la liste socialiste sont élus à la majorité absolue. Restent 2 sièges.

Le quotient étant : 15.964, ces 2 sièges reviennent à titre égal à la liste socialiste et à la liste républicaine car leur moyenne le contient 2 fois.

Mais l'article 12 est ainsi conçu : « Si un siège revient à titre égal à plusieurs listes, il est attribué parmi les candidats en ligne à celui qui a obtenu le plus de suffrages ».

En vertu de cet article, les 2 sièges reviennent à la liste socialiste. La liste républicaine, avec une moyenne inférieure seulement de 3.724 voix, n'aura aucun de ses candidats élus. [1]

Nous avons signalé plus haut le cas de la Seine-et-Oise, où une liste qui obtient 9 sièges à la majorité absolue, se voit attribuer les 3 restants en vertu du quotient.

Il n'est point nécessaire de multiplier les preuves : l'article 12 consacre une grande injustice.

Sous le prétexte de favoriser les listes qui ont le plus grand nombre de suffrages, le législateur de 1919 a exclu d'une façon absolue les candidats des autres listes.

« Le système du quotient, conclut un auteur, arrive donc à donner dans certains cas, tous les sièges à la même liste ».[2]

Par suite, aucune représentation proportionnelle des partis. *Triomphe du système majoritaire sur toute la ligne;* mais, chose plus grave, dans le cas du quotient, triomphe, *non pas de la majorité absolue, mais de la majorité relative.*

---

(1) Surprise de ce résultat singulier, la Commission de recensement de Haute-Vienne avait laissé ces 2 sièges vacants. C'est la Chambre des Députés qui, interprétant strictement la Loi, les a attribués au parti socialiste.

(2) V. Bosc Rev. Dt. public 1920.

∴

La Prime à la plus forte moyenne couronne magnifiquement cet édifice législatif élevé à coups d'erreurs et d'injustices.

En effet, quand la répartition des sièges au quotient, entre les listes, est terminée et qu'il reste des sièges non pourvus, la Loi attribue les sièges vacants aux listes qui présentent la plus forte moyenne : de telle sorte que des listes qui ont peut-être déjà bénéficié de la majorité absolue, en tous cas sûrement du quotient, vont encore profiter d'une prime superbe qu'elles doivent à une supériorité de voix, le plus souvent très faible.

Un résultat aussi inique a été obtenu dans plusieurs départements : ainsi la Dordogne, le Lot-et-Garonne, le Gard.

Illustrons notre objection par l'exemple du Gard.

4 listes en présence, 6 députés à nommer.

Liste Républicaine,	Moyenne :	25.748
Liste d'Union Nationale	»	27.404
Liste Socialiste	»	21.246
Liste de Poilus	»	7.518

Suffrages exprimés : 82.890

Majorité absolue : 41.446

Quotient électoral : 13.815

Aucune des 4 listes n'atteint la majorité absolue. Le quotient va jouer.

Les moyennes des 3 premières listes contiennent une fois le quotient : celle de la liste républicaine, de la liste d'union nationale et de la liste socialiste. 25.748, 27.404 et 21.246 contiennent une fois 13.815. Ces trois listes auront chacune un siège.

Or il reste 3 sièges à pourvoir.

En vertu de la prime à la plus forte moyenne c'est à la liste d'union nationale que ces 3 sièges sont attribués.

Ainsi la liste d'union nationale avec une moyenne de 27.404 voix, donc 1650 de plus que la moyenne de la liste républicaine, obtient 4 sièges.

La liste républicaine avec une moyenne de 25.748 voix n'obtient qu'un siège.

Considérons par curiosité le total des voix obtenues par chacune des 4 listes.

Liste	républicaine	154.488
»	d'union nationale	164.426
»	socialiste	127.478
»	des poilus	45.110

Additionnons les totaux des listes représentées par un élu : socialiste et républicaine : 154.488 plus 127.478 = 281.966.

Donc 281.966 voix sont représentées par 2 députés.
Et 164.426 voix par 4 députés.

L'injustice est criarde.

En face de tels chiffres, on ne peut parler de restes ; encore moins de représentation proportionnelle.

Ainsi la prime à la plus forte moyenne consacre, elle aussi, le triomphe de la majorité relative.

∴

Le législateur de 1919 a parachevé son œuvre d'incohérences en tolérant les listes incomplètes.

En vérité il n'en dit rien.

Mais, suivant l'adage, qui ne dit mot, consent.

L'article 10 dit seulement : « On détermine la moyenne de chaque liste en divisant par le nombre de ses candidats le total des suffrages qu'ils ont obtenus.

La conséquence, la voici : la moyenne d'une liste est calculée en tenant compte du nombre véritable de candidats.

Soit 10 députés à élire dans un département.

Désignons par T le total des voix obtenues par chaque liste, et par M la moyenne de chaque liste ; nous aurons $M = \frac{T}{10}$

Mais pour une liste ne comprenant que 4 candidats, nous aurons $M = \frac{T}{4}$.

On conçoit aisément qu'une telle solution modifie les résultats du tout au tout.

Pratiquement, voyons-en les conséquences dans le 3e secteur de la Seine. Le 16 novembre il y avait 14 députés à élire dans ce secteur.

5 listes en présence :

Liste d'Action francaise
» socialiste unifiée (S. F. I. O.)
» de concentration républicaine
» socialiste dissidente
» d'entente républicaine.

Voici leurs moyennes :

Liste d'action française	— Moyenne	15.555	— 11	candidats
» soc. unifiée (S.F.I.O.)	»	41.863	— 14	»
» de concent. républicaine	»	36.382	— 11	»
» socialiste dissidente	»	42.157	— 3	»
» d'entente républicaine	»	75.459	— 14	»

La loi du 12 juillet, en faisant jouer le quotient électoral, a donné les mêmes résultats que la R. R. Le 3e secteur est en effet une des 14 circonscriptions privilégiées.

Action Française		1 siège
Parti Socialiste		3 —
Socialistes dissidents		3 —
Concentration républicaine	Radicaux Socialistes	2 —
Entente Républicaine		5 —
		14

Mais ce résultat eut été complètement retourné, si 2 listes, celle des Socialistes dissidents et celle de Concentration républicaine s'étaient fusionnées (comme on aurait pu le croire, puisqu'au dernier moment furent imprimés et distribués des bulletins de vote portant les noms des 11 radicaux-socialistes et des 3 dissidents).

Dans ce cas, en effet, les deux listes n'en auraient formé qu'une seule, dont le total se serait élevé à ce chiffre :

400.102 (liste de Concentration) plus 126.472 (dissidents) égale 526.684.

La moyenne des deux listes concentrées se serait abaissée à $\frac{526.684}{14} = 37.620$.

Et en vertu du quotient, cette liste n'aurait obtenu que 2 sièges.

Les 3 sièges en l'air seraient revenus à la liste qui avait la plus forte moyenne (article 10)' c'est-à-dire à la liste d'entente républicaine.

Ainsi, selon la tactique adoptée par les candidats de deux listes, le nombre de sièges qui revient à une troisième liste, peut augmenter ou diminuer.

Une loi solide et raisonnable ne devrait pas permettre de telles différences. Sous un régime de R. P. intégrale, le législateur doit interdire les listes incomplètes.

* * *

Il nous reste à dire un mot des candidatures isolées. Le législateur dans la crainte de méconnaître la liberté des électeurs les a autorisées.

Nous userons de la même formule que précédemment : sous un régime de R. P. intégrale. pas de candidature unique possible. On conçoit aisément que de telles candidatures faussent le sens d'un scrutin, rompent l'équilibre entre les listes, rendent difficile la formation des partis ou seulement des majorités.

La candidature unique en scrutin de liste ou proportionnaliste, est une véritable hérésie juridique. Celà, en théorie.

Car si nous parlions tout à l'heure de liberté de l'électeur, il faut aussi et surtout parler de liberté du candidat. Pour lui, la candidature isolée est peut-être le refuge suprême, la bouée à laquelle il se cramponne de toutes ses forces, s'il a été rejeté par les courants des comités électoraux ou des cercles politiques.

Aussi, bien que cela puisse paraître paradoxal, nous nous demandons si, pour une fois, le législateur de 1919 n'a pas eu raison et si l'on ne doit pas s'incliner devant cette entorse à des principes dont nous reconnaissons cependant, nous-même, l'évidence.

Ainsi, à travers le crible de la critique, la Loi du 12 Juillet 1919 apparaît comme un tissu d'erreurs, semée de contradictions.

A qui la faute incombe-t-elle ?

Peut-être à personne. Peut-être à tous.

Tout cela provient d'une erreur initiale : celle qui a consisté à vouloir concilier deux choses inconciliables.

Les chimistes parlementaires croyaient retirer de leur laboratoire une combinaison nouvelle, merveilleuse. Ils n'ont guère obtenu qu'un grossier mélange.

Il n'en reste pas moins que *la Loi du 12 Juillet 1919 est imprécise ou inexacte sur plusieurs points, illogique sur d'autres. Elle l'était en théorie, elle le reste en pratique,* après la consultation électorale du 16 Novembre.

CHAPITRE V

Les Elections du 16 Novembre 1919

Le Grand courant d'opinions de 1919. — La Chambre du « Bloc National ». — Les partis qui ont perdu des sièges. — Une opinion M. de Calan sur les changements qu'on observe dans les élections. — La Loi du 12 Juillet 1919 et la reconstruction des partis. — Comment la Proportionnelle a fonctionné en Allemagne.

Dans ce dernier chapitre, nous n'avons nullement l'intention de traiter la question des élections, au point de vue politique. Nous voulons seulement envisager, très brièvement, les répercussions du mode de scrutin établi par la loi de 1919 sur la répartition des partis et sur la formation d'une majorité gouvernementale, en nous bornant à demeurer un juge impartial et, si possible, un observateur judicieux.

En 1919, un grand courant d'idées et d'opinions s'annonçait non seulement en France, mais à l'étranger. La guerre terrible, meurtrière, coûteuse finissait, ne laissant derrière elle que des souffrances et des malheurs, malgré son auréole de victoire. Les peuples venaient de sceller leur entente pacifique par des contrats solennels, véritable charte du monde où les problèmes les plus divers avaient été envisagés.

C'est dire que l'opinion d'un pays comme la France à cette heure avait une importance inaccoutumée.

On peut essayer de dégager cette opinion avec les données de l'Histoire et aussi à l'aide des discours des hommes politiques.

Panser les blessures de la guerre, se mettre au travail dans l'ordre social, assurer des pensions aux mutilés et aux veuves, corriger la mauvaise organisation du travail parlementaire, augmenter les pouvoirs du Chef de l'Etat, entreprendre la réforme administrative, faciliter l'accession du travail au capital, remettre de l'ordre dans le chaos économique, baisser le coût de la vie, stabiliser les changes et rendre aux monnaies leur valeur d'avant-guerre en supprimant l inflation fiduciaire — voilà quelles étaient les grandes questions à l'ordre du jour, celles dont l'opinion publique devait souhaiter la solution au lendemain de la grande guerre, à l'ère de la paix.

Le scrutin du 16 novembre a-t-il empêché ces idées d'apparaître et ces projets d'éclore ?

Aucunement, car ce sont bien celles qui animent la pensée de la Chambre actuelle.

« Les élections de 1919, écrit M. de Calan, peuvent être considérées comme une photographie assez exacte des tendances actuelles de l'opinion publique française [1] »

Cette Chambre de 1919 a été surnommée la Chambre du *Bloc National*, parce que dans toute la France de très nombreux candidats se sont présentés sous cette étiquette qui désigne des candidats allant depuis la droite jusqu'à la gauche.

Il s'agissait d'une union de la paix, reflet de l'union sacrée de la guerre englobant des républicains progressistes, des répu-

---

(1) Article de M. Charles de Calan. Rev. Sc. Pol. 1920, Tome XLIII — I.

blicains de gauche, des « Alliance démocratique », des républicains socialistes et jusqu'à des radicaux socialistes et des socialistes réformistes; mais en somme d'un bloc national *républicain* où dominaient les modérés.

Or, aujourd'hui, c'est par dérision que cette épithète de *Bloc National* est appliquée par certains partis de gauche et d'extrême gauche à la Chambre élue le 16 Novembre, qu'ils accusent de trop pencher vers « la réaction ». A leur avis, sous l'étiquette de modéré se cache l'étiquette de conservateur.

Nous n'avons pas à juger. Remarquons seulement que les partis qui ont souffert des dernières élections sont le parti radical-socialiste et le parti socialiste.

Les forces de conservation l'ont emporté. « Le suffrage universel qui n'est pas un instrument de précision, écrit M. Darlu, a donné un fort coup de barre à droite. Le parti socialiste a perdu le 1/3 des sièges qu'il occupait et il a entrainé dans sa déroute le parti radical et radical socialiste qui perd plus de 125 (?) sièges. C'est le centre et la droite qui les gagnent. L'axe de la majorité sera déplacé ».[1]

Le grand vaincu, c'est le parti socialiste. Dans presque toutes les circonscriptions il avait présenté des listes portant son étiquette. A ce moment aucune distinction entre S. F. I. O. et S. F. I. C. Il est même arrivé que des listes socialistes comprenaient des candidats hostiles à un programme révolutionnaire Du reste, de listes socialistes dissidentes, on n'en remarque vraiment que dans la Seine. Ainsi, ce parti a présenté un front

(1) Rev. Pol. et Parl. Article de M. Darlu : La leçon des élections. — Décembre 1919.

unique contre ses adversaires : il n'a point caché que ce qu'il souhaitait du fond du cœur, c'était la révolution et la destruction de toutes les institutions sociales existantes ; il s'est déclaré ferme partisan du Bolchevisme et du Communisme de Lénine et de la paix fraternelle avec une Allemagne démocratisée.

A leur tour, ses adversaires. froissés dans leur sentiment national, ont invoqué « le spectre rouge », cet épouvantail avec lequel on a l'habitude, depuis 1789 d'effrayer les masses françaises.

Alors qu'en Italie, vers la même époque, l'union n'était réalisée qu'incomplètement contre le bolchevisme, en France, l'union était quasi-unanime contre la menace révolutionnaire et un programme commun avait été élaboré.

Aussi la défaite des socialistes a été très grande, très profonde.

Dire que leur politique est seule responsable de cette défaite, serait faux. Car le scrutin inauguré en 1919 endosse la plus large part de cette responsabilité.

En effet, par l'application du système non proportionnel, le parti socialiste n'a gagné que 7 à 8 sièges, notamment dans le Pas-de-Calais et dans la Haute-Vienne.

En revanche, par le même jeu d'une R. P. faussée dans son principe, il a perdu près de 50 sièges. Incontestablement, la Loi du 12 Juillet a aidé à la défaite des socialistes.[1]

---

(1) Si le parti socialiste a perdu des sièges au Parlement, il à gagné des voix dans l'opinion publique. En 1914, il avait obtenu 1.396.741 voix ; il en a obtenu 1.615.466 en 1919.

Si l'on examine le pourcentage dans les différents départements il obtient en 1919 : 316.233 voix en plus par rapport à 1914 et 96.881 en moins, soit en définitive 219.352 voix en plus.

Il a gagné des voix dans certains départements ; ainsi dans la Seine-Inférieure : 21578 en 1914 — 41.101 en 1919 ; dans le Finistère : 18.111 en 1914 — 29.460 en 1919- Au contraire, il en a perdu dans le Gard : 28.617 en 1914 — 21.246 en 1919 et dans le Cher : 28.647 en 1914 — 19 407 en 1919.

Pour plus de détails, consulter Lachapelle, El. lég.

On peut émettre, quoique à un dégré moindre, la même assertion à propos des radicaux.

La R. P. ne leur a fait gagner que 14 sièges ; elle leur en a fait perdre plus de 40.

Mais pour les radicaux comme pour les socialistes, on ne peut pas imputer leur échec au seul scrutin de la loi du 12 Juillet 1919. A leur égard, on serait tenté de croire qu'il y a eu un revirement de l'opinion publique, que l'animosité qu'il a toujours manifestée contre les idées proportionnalistes s'est, pour ainsi dire, retournée contre lui.

Voici ce que dit M. Lachapelle à ce sujet : « Le parti radical a été dans le passé l'adversaire le plus intraitable de la justice électorale, il a même réussi a faire échouer la R. P. » Il continue ainsi : « Une R. P. équitable lui aurait permis de sauver quelques-uns de ses chefs. Il les a sacrifiés de parti-pris à ses préjugés, à ses erreurs ; en prenant cette attitude il a méconnu ses propres intérêts. »

Cet auteur a raison en partie.

La dernière consultation a décimé le parti radical, au sens latin du mot ; plusieurs de ses leaders sont tombés. La R. P les aurait peut-être sauvés. L'Histoire nous apprend du reste qu'une autre consultation qui a suivi de très près la première leur a rendu leur place au Parlement, pour la plupart.

Mais nous ne suivrons pas M. Lachapelle jusqu'au bout de ses conclusions : car les radicaux ne se sont pas opposés à la R. P. de parti-pris — nous le croyons du moins — *mais prétendant incarner la vraie doctrine républicaine, ils n'admettent d'autre mode de votation que celui qui se résout par le système de la majorité absolue* : ils ne nient pas que la R. P soit une œuvre de justice, mais ils nient qu'elle soit une œuvre républicaine. D'autre part si nous considérons la tactique adoptée par le parti radical en 1919, nous voyons qu'il a formé très rarement des listes homogènes ; il a préféré faire une part dans des listes de concentration à des groupes du centre. Cette tactique lui a-t-elle réussi ? C'est permis d'en douter. Car très souvent, dans les listes d'union républicaine, les modérés ont décroché des sièges au détriment des radicaux.

Ce qui semblerait bien prouver en définitive qu'à l'égard des radicaux on constate un changement d'opinion.

D'une façon générale, le scrutin de liste favorise les masses paysannes à tendances modérées ; les petits propriétaires perdus dans les fermes de Picardie ou de l'Ile-de-France, dans les *mas* du Languedoc ou de la Provence sont dispersés sur tout le territoire d'un département ; avec le scrutin de liste, leur force véritable se révèle, toutes les individualités éparses se rassemblent.

Le scrutin d'arrondissement profite au contraire aux centres ouvriers, aux agglomérations urbaines et par suite aux socialistes. Le parti radical, soutenu surtout par les éléments démocratiques et petit-bourgeois de la nation, bénéficie pour les mêmes raisons du scrutin uninominal.

Voilà la raison qui nous parait décisive pour expliquer l'échec de ces deux partis. On le comprendra mieux si on y ajoute les raisons que nous avons données plus haut, parmi lesquelles il faut citer surtout la Loi du 12 Juillet elle-même et enfin une certaine défaveur du corps électoral. La défaveur est d'autant plus visible que la population rurale a été beaucoup plus atteinte que la population ouvrière, et nous ajouterons avec M. de Calan qu'il y a lieu de tenir compte de cette remarque dans les pays où « ces deux populations constituent des groupes politiquement différents ».

Il faut d'autre part insister sur l'idée qu'à chaque consultation électorale, des courants nouveaux d'opinion, inconnus jusque-là, ignorés, insoupçonnés, se répandent dans l'atmosphère politique, qu'ils ébranlent dans divers sens. M. de Calan[1] a soutenu avec talent une opinion suivant laquelle « les changements qu'on observe dans les élections, sont dus dans une très faible mesure, à de véritables changements d'opinion». « Leur cause profonde, déclare-t-il, est bien plutôt le fait que les partis intermédiaires en se portant tantôt vers la droite, tantôt vers la gauche, déterminent les oscillations que l'histoire électorale constate ».

En somme, la théorie de M. de Calan est celle de la *fixité des partis politiques;* d'après lui, la gauche modérée est l'arbitre de la situation ; suivant que cette gauche déplace plus ou moins son centre de gravité, une majorité se forme ; ou plus à droite, ou plus à gauche. Tout le problème se ramène à une question de coalition, de rapprochement au moment de la consultation électorale.

La théorie de M. de Calan ne sera pas la nôtre. Elle va tout d'abord à l'encontre de la grande loi d'évolution qui règne dans tous les domaines. Rien ne demeure dans son état premier, tout subit des transformations continuelles. De même pour les opinions : loin de rester figées, elles varient, grandissent, se déforment ; un esprit nouveau jaillit tout à coup : cet esprit, ce sont les élections qui le révèlent. Et on peut bien supposer que l'opinion des électeurs est le facteur essentiel de la constitution des partis politiques.

Cette théorie raccourcit le champ politique en lui donnant comme périmètre, le périmètre parlementaire ; or s'il est vrai

---

(1) V. Article de M. de Calan, Rev. des Sc. Parl. 1920. — Tome XLIII - I.

que la majorité qui compte le plus est celle qui se forme au Parlement, on ne doit pas oublier que cette majorité a pour origine le pays lui-même : c'est lui qui est l'arbitre de la situation et non pas une gauche ou une droite quelconques; la R. P. est précisément le moyen qui permet d'obtenir une image exacte de l'opinion générale.

L'histoire dément cette fixité des partis politiques, en France. Les partis ont longuement évolué depuis l'ancien régime ; tel parti informe et inconsistant au début, a acquis dans la suite une importance de premier plan, par suite d'une orientation nouvelle des esprits.

En 1848 une poignée de républicains s'empare du pouvoir ; l'empire autoritaire réduit encore cette minorité. Encore minorité républicaine, au début de la IIIme République ; puis, petit à petit, cette minorité grossit, s'enfle jusqu'au jour où elle devient majorité. Et certains auteurs ont pu considérer les élections de 1919 comme l'aboutissant de cette évolution.

« La République, écrit M. Darlu,[1] est acceptée universellement comme le régime politique de la France, légitime et nécessaire. Ce sont les catholiques qui se rangent sous la bannière républicaine ».

Adhésion de la quasi unanimité des citoyens au régime, tel serait le sens des élections de 1919, d'après certains.

Il n'y a donc pas eu un simple déplacement de majorité, par adjonction de la gauche modérée à la droite, mais constitution d'une majorité homogène qui trouve son expression la plus complète dans les votes de confiance aux différents gouvernements en matière de politique intérieure ou extérieure.

---

(1) V. Rev. Pol. et Parl. 1919. Article déjà cité.

Ainsi, nous ne croyons guère à la fixité des partis politiques français au cours du XIXe siècle et pendant le commencement du XXe.

Du reste, comment parler de fixité quand ces partis sont pour ainsi dire inexistants ?

* * *

Précisément on avait pu espérer que le nouveau scrutin de la Loi du 12 Juillet 1919 faciliterait la reconstruction des anciens partis émiettés par le scrutin uninominal. Les résultats ont été peu probants.

Ce qu'on a pu seulement constater, ce sont des rapprochements entre les divers partis pour se présenter devant les électeurs ; groupements passagers, concentrations imposées à des partis de doctrines parfois divergentes, pour les besoins du scrutin : Soit pour obtenir la majorité absolue, soit pour atteindre le quotient électoral.

Mais ces unions sont fragiles, les piliers qui les soutiennent bien hétéroclites. Chacun arrive avec ses idées, ses principes ; on veut s'effacer, biaiser ; on va de concessions en concessions ; des programmes bizarres jaillissent des comités. L'électeur ébloui, trompé, vote à l'aveuglette.

L'élection a lieu un dimanche. Le lundi, les députés d'une même liste préparent déjà des discours où des vues différentes se font jour. Les partis, au lieu de refléter la volonté du pays, répètent en plus grand les petitesses des clans électoraux.

Et l'on a vu se réaliser aux élections de 1919 la prophétie de M. Poncet :

« Dans certains départements, des coalitions à droite, et la droite s'étendra très loin : dans d'autres départements, des coalitions à gauche et les frontières de gauche seront très vagues ; ailleurs des listes d'union nationale qualifiant la liste opposée de liste bolcheviste ; car on sera souvent le bolcheviste de quelqu'un, de même que jadis, on était toujours le révolutionnaire ou le réactionnaire de quelqu'un ». [1]

Par conséquent, la Loi nouvelle loin de servir à la reconstruction des grands partis, a jeté le trouble dans le corps électoral avec ces concentrations étranges dans des listes disparates.

Que deux partis, en effet, accordent leur confiance à un gouvernement, rien de mieux ; la clarté des programmes n'en souffre pas. Mais que des candidats appartenant à deux partis acceptent de placer leur nom côte à côte sur une même liste ; la chose n'est plus la même car ils aliènent leur indépendance et leur liberté.

Il y a là du reste un défaut inhérent à tout scrutin de liste.

Si au contraire la R. P. fonctionnait parfaitement, dans des circonscriptions convenables, les partis se compteraient au Parlement avec leur force véritable.

Avec le temps, la politique française pourrait peut-être se disputer entre deux grands partis analogues au parti Whig et au parti Tory. En tout cas, le gouvernement n'aurait en face de lui que des groupes homogènes, aux opinions tranchées, parmi lesquels il aurait loisir de se tailler une majorité durable et solide.

---

1) Séance du 8 Avril 1919. J. O. Déb, parl. 1919.

∴

Les Allemands encadrés dans des partis fortement organisés et disciplinés ont bien mieux compris que nous le rôle et surtout le mécanisme de la représentation proportionnelle.

La R. P. a fonctionné en Allemagne pour l'élection du premier Reichstag de la république allemande, le 6 Juin 1920 (Loi du 27 Avril 1920). Le suffrage en Allemagne est vraiment universel : hommes et femmes de plus de 20 ans sont électeurs.

En 1920, les Allemands ont abandonné le système d'Hondt, dont ils s'étaient servis pour l'élection des députés à l'Assemblée nationale, et l'ont remplacé par le système «automatique [1] »

Dans ce système, le nombre des députés, au lieu d'être fixé d'avance, dépend du nombre des votants, de telle sorte qu'on ne peut savoir combien l'Assemblée comptera de membres qu'après les élections. Si les abstentions sont rares, l'Assemblée sera très nombreuse.

Il y a des circonscriptions fixes de même grandeur et des unions de circonscription.

Les partis présentent des listes de circonscription ; ils sont libres de présenter ou de ne pas présenter des listes d'union de circonscription.

Les petits partis ont ainsi la faculté de ne présenter qu'une liste pour plusieurs circonscriptions : ils obtiennent de la sorte des sièges qu'ils n'auraient jamais eus sans celà.

---

(1) V. Revue du Droit Public 1920. — Article de M. René Brunet.

Il y a enfin une liste de Reich à laquelle on n'attribue que le reliquat des voix inutilisables dans l'union. L'avantage de ce système, c'est l'utilisation des restes !

Chaque liste de circonscription reçoit autant de sièges qu'elle a obtenu de fois 60.000 voix. Il peut y avoir des restes. Si les partis déclarent par avance qu'ils « lient » entre elles, à l'intérieur des unions leurs listes de circonscription, les voix obtenues par ces listes et restées inutilisées sont additionnées et le parti reçoit autant de sièges que le total compte de fois 60.000.

Si elles n'ont pas été liées, tous les restes sont immédiatement transportés sur la liste de Reich. La liste de Reich reçoit autant de fois un député qu'elle recueille de fois 60.000 voix.

De plus, pas de panachage. Pour chaque liste, les élus sont choisis d'après leur ordre d'inscription sur la liste.

Sur 466 députés, 329 ont été élus directement dans les circonscriptions, 44 dans les unions de circonscription, 51 sur les listes de Reich.

Le nombre des restes est infime, puisque le plus petit reste échoit à la « Volkspartei » avec 8.851 sur un total de 3.606.316 voix.

De ces deux lois, la loi allemande et la loi française, l'une applique rigoureusement le procédé de la proportionnelle, l'autre le déforme et se raccroche désespérément au vieux système majoritaire.

Au fond, il y a là, la marque de deux esprits, de deux mentalités :

L'une, la germanique, est obéissante, soumise et disciplinée ; l'électeur allemand, caporalisé, exécute sans sourciller l'ordre qui lui est donné de voter pour un parti précis, abstraction faite de ses préférences de personne.

L'autre, la française, se révolte contre le devoir électoral qu'on prétend lui tracer. L'électeur français reste citoyen et n'entend pas être conduit au bureau de vote en cadence, au pas de l'oie.

On doit reconnaître qu'en Allemagne, les grands partis étaient déjà constitués et la proportionnelle a pu s'élancer dans un champ libre de tout obstacle.

En France, nous attendons encore ces grands partis. Les élections du 16 novembre 1919 ne nous les ont pas donnés.

Doit-on mieux espérer de la consultation de 1924 ? Nous nous permettrons d'en douter — à moins qu'un législateur plein de bon sens ne se décide à adopter un scrutin logique.

Il resterait une dernière objection : peut-être que la constitution de grands partis n'est pas voulue par le tempérament politique français, si sensible aux questions de personnes et aux rivalités de clochers : il s'accommode mal en effet de la discipline impérieuse des partis.

Déjà nos frères latins, les Italiens, ont voulu faire l'expérience de la Proportionnelle et il ne semble pas qu'elle leur ait bien réussi.

« Ceux qui s'imaginent, écrit M. Gaston Doumergue, que, chez nous, la R. P. disciplinerait les partis et réduirait leur nombre, font preuve d'une méconnaissance absolue de notre psychologie [1] »

Nous ne pouvons donc que poser des points d'interrogation.

L'électeur français, si fier de son bulletin de vote, est-il prêt à obéir aux ordres venus d'en haut ?

Abdiquera-t-il de son individualité devant la grande personnalité du Parti ?

L'Avenir seul peut nous le dire.

---

(1) V. « L'Union Républicaine » de l'arrondissement d'Alès, 29 Juillet 1922.

CONCLUSION

C'est au lendemain d'une guerre, longue et destructive, qui a rendu caduques bien des institutions, qu'a été votée la Loi du 12 Juillet 1919.

Au milieu des bouleversements nés du cataclysme mondial, était-il utile et opportun de démolir un système électoral vieux de 20 ans ?

On peut en douter. Peut-être eut-il mieux valu se servir pour une consultation du pays, des instruments habituels et attendre que la paix soit rétablie dans les esprits comme elle l'avait été dans les armées.

Les législateurs de 1919 ont prétendu reprendre une idée et un projet d'avant-guerre : l'idée de représentation proportionnelle, le projet de réforme électorale. Pouvaient-ils savoir cependant si les desiderata du pays en 1919 étaient les mêmes qu'en 1914 ?

On peut en douter ?

En somme, que désiraient les législateurs de 1919? Un scrutin élargi permettant à la France entière d'exprimer librement son opinion.

La Loi de 1919 ne nous donne pas un tel scrutin.

Les travaux préparatoires nous montrent les parlementaires de l'avant-dernière législation obsédés par le désir d'aboutir. Sénateurs et Députés ont cherché la conciliation à tout prix.

Il fallait une réforme électorale. Il le fallait parce qu'on en parlait toujours et qu'on ne la voyait jamais éclore.

Alors nos législateurs ont discuté, comparé, légiféré et cahin-caha ils ont mis sur sur pied une loi nouvelle.

Tous gardaient dans leur mémoire le souvenir des résistances sénatoriales en 1913.

Aussi, majoritaires et proportionnalistes transigèrent avec enthousiasme sur les ruines fumantes du scrutin d'arrondissement.

Résultat final : une réforme boiteuse, maladroite et incomplète.

La Loi du 12 Juillet 1919 institue un Représentation proportionnelle mitigée. Mais un système de R. P. mitigée n'est pas système de R. P. Ceux qui ayant des griefs à formuler contre la loi actuelle accusent la R. P. commettent donc une erreur capitale. Loin d'assurer la représentation des minorités, celle-là permet le plus souvent, par le jeu de ses différentes primes, le triomphe des majorités : majorités absolues quelquefois ; majorités relatives, presque toujours.

« La réforme s'est donc révélée à l'expérience très protectrice des principes majoritaires, et elle a, en cela, dépassé l'attente de ses auteurs.[1] »

La R, P. intégrale. seule, demeure un acte de justice. Encore faut-il pour celà que deux conditions aient été réalisées auparavant, qu'il y ait : 1· De vastes partis organisés ; 2· Un nombre réduit de circonscriptions plus vastes 20, 25, 30 par exemple.

Or, en France, la réforme administrative sommeille encore dans les cartons des ministères ou ne fleurit que dans les programmes des candidats.

Quant aux partis, ils manquent de cohésion et de force ; d'ailleurs le tempérament primesautier de l'électeur français, frondeur et épris d'indépendance, reste un obstacle à la constitution de ces partis.[2]

Certains de ceux qui ont contribué à l'adoption de ce scrutin mitigé, prétendent que, malgré les surprises et les difficultés d'interprétation, il présente des avantages sérieux sur le scrutin d'arrondissement, qu'il évite notamment les querelles de personnes et les faveurs injustifiées de la candidature officielle.

Ils oublient que le scrutin d'arrondissement assure lui-même,

(1) Bosc. Rev, Droit public, 1920,

(2) La poussière de liste qu'on a vu s'élever de certains départements aux dernières élections en est une preuve. V. différentes dénominations de listes. Appendice N· 1.

par compensation, la représentation proportionnelle des partis. Quant à la pression administrative elle s'exerce aussi bien avec le scrutin de liste, au profit d'un candidat ou même d'une liste tout entière.

Les élections cantonales qui ont suivi les élections législatives ont en effet montré que la guerre n'avait point effacé ces pratiques de nos mœurs politiques.

Dans l'avenir, que deviendra la Loi du 12 Juillet 1919? Sera-t-elle conservée pour la consultation de mai 1924 ?

Des propositions de loi ont été déposées par M. Marc Sangnier, par M. J.-L. Bonnet en vue d'établir la R. P. intégrale.

Quelques parlementaires seraient partisans d'instituer le scrutin de liste pur et simple et à leur session d'Avril 1923, un grand nombre de Conseils généraux se sont nettement prononcés pour le rejet de la R, P. Ils préconisent le retour au scrutin majoritaire, certains parlent même du scrutin uninominal.[1]

Mais, sur la proposition du Président du Conseil, le Conseil des Ministres a décidé, en ce même mois d'Avril 1923, que le Gouvernement défendrait devant les Chambres la loi électorale en vigueur.

Ainsi cette loi qui dans la pensée de beaucoup de ses auteurs ne devait être qu'une étape, demeurerait intacte et respectée. On a raison de dire qu'il n'y a que le provisoire qui dure.

Mais vraiment peut-on espérer que ce monument législatif acquerra, avec la patine du temps, la vertu et la robustesse des chefs d'œuvres ?

Ce serait erreur et utopie.

Car, dans l'avenir, la Loi du 12 Juillet 1919 donnera ce que les candidats voudront tirer d'elle.

Suivant la tactique adoptée par les partis, suivant que leurs forces se coaliseront ou se diviseront, la majorité pourra fort bien changer de camp. Et la physionomie des élections s'en trouvera soudain modifiée.

C'est en juriste et non en homme politique que le législateur parlementaire devra, demain ou après-demain, regarder en face la Loi du 12 Juillet 1919. En toute impartialité, il en mesurera bien vite les tares et les imperfections.

BIBLIOGRAPHIE

Documents officiels

J. O. Déb. parl. 1914, page 1922.
Discours Briand. — J. O. déb. parl. Ch. Dép. 22 Mars 1919.
Discours Bracke. — J. O. déb. parl. Ch. Dép. 9 Avril 1919.
J. O. Déb. parl. Ch. Dép. Séance du 21 Mars 1919.
J. O. Déb. parl. Ch. Dép. Séance du 8 Avril 1919.
J. O. Rapports Dessoye du 19 Février 1917 et 30 Janvier 1918.
Discours Thierry-Cazes. — J. O. Déb. parl. Ch. Dép. 19 Mars 1919.
Rapport de M. Bérard. — J. O. Sénat Doc. parl. N° 245.
Déb. parl. Sénat 20 Juin 1919.
J. O. 17 Juin 1885 p. 3073.
Circulaire du 30 Octobre 1919. Ministre de l'Intérieur aux Préfets. On la trouve in-extenso au tome 37 de la Revue de Droit Public. Année 1920.
J. O. Déb. parl. 4 Juillet 1919, Ch. Dép. Loi retour du Sénat.
J. O. Déb. parl. Ch. Dép. 8 Avril 1919.

Journaux

« Le Matin » du 26 Avril 1923.
« Le Temps » du 27 Avril 1923.
« Le Figaro » du 1er Mai 1923.
« Actualités » Juillet 1922 ou « Union Républicaine » de l'arrondissement d'Alès, du 29 Juillet 1922.
Société de statistique de Paris. — Communication sur la législation d'Avril 1914.
« Eclair de Montpellier », 5 Avril 1923, article de M. Jules Véran.

Revues

Revue politique et parlementaire
- 10 Décembre 1918, article de M. Lachapelle.
- 10 Mai 1919, tome 99.
- 10 Décembre 1919, article de M. Darlu.

Revue du Droit Public
- Année 1919, tome 36.
- Année 1920, article de M. André Bosc.
- Année 1920, tome 37, art. de M. Réné Brunet.

Revue des Sciences politiques, Année 1920, tome 43-1, article de M. Ch. de Calan.

Larousse mensuel, N° 152, Octobre 1919, articl. de M. Max Legrand.

Manuels de Droit

Moreau. — Droit constitutionnel 1921.

Esmein. — Droit constitutionnel 1921, revue par Henry Nizard.

Livres divers

Thèse de Chardon. Paris 1910.

Hare. — The elections of representations parliamentary and municipal.

Lachapelle. — Elections législatives du 16 Novembre 1919.

Henry Béranger. — Vers la Démocratie sociale.

Ch. Benoist. — La Crise de l'Etat moderne.

Bonneau. — Guide électoral.

APPENDICE I

EXEMPLE

De la variété et de la multiplicité des dénominations de listes aux élections de 1919

Variété des étiquettes républicaines

Liste républicaine de défense nationale et agricole.
Liste d'union républicaine et de réorganisation nationale.
Liste d'action républicaine et de rénovation nationale.
Liste républicaine d'union démocratique et libérale.
Liste d'union républicaine clémenciste.
Liste républicaine d'action et de réforme.
Liste de concentration républicaine.
Liste d'union républicaine démocratique.
Liste d'union nationale républicaine.
Liste d'union républicaine radicale et radicale socialiste.
Liste de concorde républicaine.
Liste de la fédération républicaine d'union économique, agricole, démocratique et sociale.
Liste d'action républicaine démocratique des revendications nées de la guerre et des intérêts économiques.
Liste d'union républicaine d'action patriotique et sociale.

Dénominations diverses

Liste de l'ordre et de la rénovation française.
Liste d'union nationale.
Liste de restauration nationale.
Liste d'union démocratique pour le relèvement national de l'ordre et le progrès social.
Liste des poilus.
Liste de l'amicale des poilus du front.
Liste des libérés et éprouvés de la grande guerre.
Liste d'action nationale.

APPENDICE II

Texte de la Loi du 12 Juillet 1919

Loi portant modification aux Lois organiques sur l'élection des députés et établissant le scrutin de liste avec représentation proportionnelle.

Le Sénat et la Chambre des députés ont adopté ; le Président de la République promulgue la loi dont la teneur suit :

Art. 1er. — Les membres de la Chambre des députés sont élus au scrutin de liste départemental.

Art. 2. — Chaque département élit autant de députés qu'il y a de fois 75.000 habitants de nationalité française, la fraction supplémentaire lorsqu'elle dépasse 37.500 donnant droit à un député de plus.

Chaque département élit au moins 3 députés.

A titre transitoire et jusqu'à ce qu'il ait été procédé à un nouveau recensement, chaque département aura le nombre de sièges qui lui est actuellement attribué.

Art. 3. — Le département forme une circonscription. Toutefois lorsque le nombre de députés à élire par un département sera supérieur à six, le département pourra être divisé en circonscriptions dont chacune aura à élire trois députés au moins. Le sectionnement sera établi par une loi.

Exceptionnellement, pour les prochaines élections, les départements du Nord, du Pas-de-Calais, de l'Aisne, de la Somme, de la Marne, des Ardennes, de Meurthe-et-Moselle et des Vosges, ne seront pas sectionnés.

Art. 4. — Nul ne peut être candidat dans plus d'une circonscription, la Loi du 17 Juillet 1889 relative aux candidatures multiples restant applicable : les déclarations de candidature peuvent toutefois être individuelles ou collectives.

Art 5.— Les listes sont constituéespour chaque circonscription par les groupements de candidats qui signent une déclaration dûment légalisée.

Les déclarations de candidature indiquent l'ordre de présentation des candidats.

Si ces déclarations de candidature sont libellées sur feuilles séparées, elles devront faire mention des candidats avec lesquels les déclarants se présentent et qui acceptent par déclaration jointe et légalisée de les inscrire sur la même liste.

Une liste ne peut comprendre un nombre de candidats supérieur à celui des députés à élire dans la circonscription.

Toute candidature isolée est considérée comme formant une liste à elle seule. La déclaration de candidature devra alors être appuyée par cent électeurs de la circonscription dont les signatures seront légalisées et ne pourront s'appliquer qu'à une seule candidature.

Art. 6. — Les listes sont déposées à la Préfecture après l'ouverture de la période électorale, et au plus tard, cinq jours avant celui du scrutin.

La Préfecture enregistre la liste et son titre.

L'enregistrement est refusé à toute liste portant plus de noms qu'il y a de députés à élire ou portant le nom de candidats appartenant à une liste déjà enregistrée dans la circonscription àmoins que ceux-ci se soient fait rayer au préalable, suivant la procédure fixée à l'article 7.

Ne peuvent être euregistrés que les noms des candidats qui ont fait leur déclaration en se conformant aux dispositions des articles 4 et 5.

Il est donné un reçu provisoire du dépôt de la liste à chacun des candidats qui la composent.

Le récépissé défintif est délivré dans les vingt-quatre heures.

Art. 7. — Un candidat inscrit sur une liste ne peut en être rayé que s'il notifie sa volonté de s'en retiser à la Préfecture par exploit d'huissier, cinq jours avant celui du scrutin.

Art. 8. — Toute liste peut être complétée, s'il y a lieu, au plus tard cinq jours avant celui du scrutin par le nom de nouveaux candidats qui font la déclaration de candidature exigée par l'article 5.

Art. 9. — Deux jours avant l'ouverture du scrutin, les candidatures enregistrées doivent être affichées à la porte des bureaux de vote, par les soins de l'Administration préfectorale.

Art. 10. — Tout candidat qui aura obtenu la majorité absolue est proclamé élu dans la limite des sièges à pourvoir.

S'il reste des sièges à pourvoir, il sera procédé comme suit à leur répartition :

On détermine le quotient électoral en divisant le nombre des votants déduction faite des bulletins blancs ou nuls, par celui des députés à élire.

On détermine la moyenne de chaque liste en divisant par le nombre de ses candidats le total des suffrages qu'ils ont obtenus.

Il est attribué à chaque liste autant de sièges que sa moyenne contient de fois le quotient électoral.

Les sièges restants, s'il y a lieu, seront attribués à la plus forte moyenne,

Les sièges seront dans chaque liste attribués aux candidats qui auront réuni le plus de suffrages.

Art. 11. — Le candidat unique s'il n'a pas la majorité absolue n'entrera en ligne pour la répartition des sièges que lorsque les candidats appartenant à d'autres listes et ayant obtenu plus de suffrages que lui, auront été proclamés élus.

Art. 12. — En cas d'égalité de suffrages, l'élection est acquise au candidat le plus âgé.

Si un siège revient à titre égal à plusieurs listes, il est attribué parmi les candidats en ligne, à celui qui a recueilli le plus de suffrages, et en cas d'égalité de suffrages au plus âgé.

Les candidats ne peuvent être proclamés élus que si le nombre de leurs suffrages est supérieur à la moitié du nombre moyen de suffrages de la liste dont ils font partie.

Art 13. — Lorsque le nombre des votants n'est pas supérieur à la moitié des inscrits, ou si aucune liste n'obtient le quotient électoral, aucun candidat n'est proclamé élu.

Les électeurs de la circonscription sont convoqués à nouveau quinze jours après.

Si dans cette nouvelle opération aucune liste n'obtient le quotient électoral, les sièges sont attribués aux candidats qui ont obtenu le plus de suffrages.

Art. 14. — Les procès-verbaux des opérations électorales de chaque commune sont rédigés en double. L'un de ces doubles restera déposé au Secrétariat de la Mairie : l'autre sera déposé de suite à la poste sous pli scellé et recommandé à l'adresse du Préfet, pour être remis à la Commission de recensement.

Art. 15. — Le recensement général des votes se fait pour toute circonscription électorale, au chef-lieu du département en séance publique, au plus tard le mercredi qui suit le scrutin.

Il est opéré par une commission composée du Président du Tribunal Civil, président, et des quatre membres du Conseil général, non candidats, qui compteront la plus longue durée de fonctions : en cas de durée égale, le plus âgé se trouvera désigné.

Si le Président du Tribunal Civil se trouve empêché, il sera remplacé par le Vice-Président et à son défaut par le Juge le plus ancien. Les conseillers sont eux-mêmes, en cas d'empêchement, remplacés suivant l'ordre d'ancienneté.

L'opération du recensement est constatée par un procès-verbal

Art. 16. — En cas de vacance par décès, démission ou autrement, l'élection devra se faire dans le délai de trois mois, à partir du jour où la vacance se sera produite.

Art. 17. — Il n'est pas pourvu aux vacances survenues dans les six mois qui précèdent le renouvellement de la Chambre.

Art. 18. — La présente Loi est applicable aux départements de l'Algérie et aux Colonies qui conservent leur nombre actuel de députés.

Une loi ultérieure déterminera l'application de la présente loi au Territoire de Belfort, en même temps qu'elle fixera l'organisation de l'Alsace et de la Lorraine.

Art. 19. — Sont abrogées les dispositions des lois antérieures en ce qu'elles ont de contraire à la présente loi.

La présente Loi, délibérée et adoptée par le Sénat et par la Chambre des Députés sera exécutée comme loi de l'Etat.

Fait à Paris, le 12 Juillet 1919.

R. POINCARÉ

Par le Président de la République

Le Ministre de l'Intérieur,

J. PAMS

Le Ministre des Colonies,

Henry SIMON

Table des Matières

www.ingramcontent.com/pod-product-compliance
Ingram Content Group UK Ltd.
Pitfield, Milton Keynes, MK11 3LW, UK
UKHW021102260726
13994UKWH00002B/659